GUT ZU WISSEN

Geschichtstabelle → S. 14
Spezialitäten → S. 28
Die Seele der Stadt → S. 45
Jaguar-Show → S. 88
Feiertage → S. 123
Währungsrechner → S. 127
Bücher & Filme → S. 128
Was kostet wie viel? → S. 129
Wetter → S. 130

KARTEN IM BAND
(138 A1) Seitenzahlen und Koordinaten verweisen auf den Reiseatlas
(U A1) Koordinaten für die Karten von Rio de Janeiro im hinteren Umschlag
(0) Ort/Adresse liegt außerhalb des Kartenausschnitts
Es sind auch die Objekte mit Koordinaten versehen, die nicht im Reiseatlas stehen

(*A–B 2–3*) verweist auf die herausnehmbare Faltkarte
(*a–b 2–3*) verweist auf die Zusatzkarte auf der Faltkarte

UMSCHLAG VORN:
Die wichtigsten Highlights

UMSCHLAG HINTEN:
Karten von Rio de Janeiro: Centro und Copacabana

Die besten MARCO POLO Insider-Tipps

Von allen Insider-Tipps finden Sie hier die 15 besten

INSIDER TIPP Samba am Hafen

Die echten Sambistas von Rio de Janeiro treffen sich in der Hafengegend, in der Bar *Trapiche Gamboa* oder bei der Karnevalsgruppe Escravos da Mauá → S. 45

INSIDER TIPP Wo der Fisch glitzert

Japan mitten in Brasilien: Im authentischen japanischen Restaurant *Shin Zushi* in São Paulo betreten auch die meisten Brasilianer fremdes Terrain → S. 49

INSIDER TIPP Paradiesische Zustände

Die *Pousada do Toque* an der Praia do Toque zwischen Maceió und Recife im Nordosten ist ein kleiner Garten Eden, aber mit Spitzenservice → S. 113

INSIDER TIPP Strand mit Aussicht

Für die schönsten Strände Rios müssen Sie früh aufstehen – sonst sind die Parkplätze besetzt. *Grumari* und *Prainha* liegen noch hinter Barra. Der Blick vom Point do Grumari auf die Küste ist einzigartig → S. 40/41

INSIDER TIPP Tropischer Überfluss

Köstlichkeiten aus dem Meer und exotische Früchte, gemischt zu originellen Gerichten – das können Sie im *Paraíso Tropical* in Salvador genießen → S. 68

INSIDER TIPP Für Feinschmecker

Ein Frühstück wie das im Gasthaus der *Estalagem de Alcino* in Lençois in den Bergen der Chapada Diamantina haben Sie (vermutlich) noch nicht gesehen → S. 71

INSIDER TIPP Wie ein Fisch im Wasser

Das *Schnorcheln im Rio Sucuri* bei Bonito ist ein einzigartiges Erlebnis: Im kristallklaren Wasser wuseln Schwärme von bunten Fischen um Sie herum (Foto o.) → S. 92

INSIDER TIPP Exotische Erfrischung

In der *Sorveteria Cairu* in Belém gibt es Eis aus exotischen Tropenfrüchten, von deren Existenz Sie bisher vielleicht noch nie gehört haben → S. 77

MARCO POLO

BRASILIEN

MARCO POLO AUTORIN

Petra Schaeber

Petra Schaeber begeisterte sich schon als Schülerin für Lateinamerika. Nach den ersten Reisen auf den Kontinent absolvierte sie die Journalistenschule und ein Wirtschaftsstudium in Köln und Rio de Janeiro. Darauf folgte eine Promotion in Erziehungswissenschaften an der FU Berlin. Heute lebt die von der afrobrasilianischen Kultur faszinierte Journalistin mit ihrer Familie in Salvador da Bahia.

REIN INS ERLEBEN

Mit dem digitalen Service von MARCO POLO sind Sie noch unbeschwerter unterwegs: Auf den Erlebnistouren zielsicher von A nach B navigieren oder aktuelle Infos abrufen – das und mehr ist nur noch einen Fingertipp entfernt.

Hier geht's lang zu den digitalen Extras:

http://go.marcopolo.de/bra

Touren-App

Ganz einfach orientieren und jederzeit wissen, wo genau Sie gerade sind: Die praktische App zu den Erlebnistouren sorgt dank Offline-Karte und Navigation dafür, dass Sie immer auf dem richtigen Weg sind. Außerdem zeigen Nummern alle empfohlenen Aktivitäten, Genuss-, Kultur- und Shoppingtipps entlang der Tour an.

HTTP://GO.MARCOPOLO.DE/BRA

Update-Service

Immer auf dem neuesten Stand in Ihrer Destination sein: Der Online-Update-Service bietet Ihnen nicht nur aktuelle Tipps und Termine, sondern auch Änderungen von Öffnungszeiten, Preisen oder anderen Angaben zu den Reiseführerinhalten. Einfach als PDF ausdrucken oder für Smartphone, Tablet oder E-Reader herunterladen.

SYMBOLE

- INSIDER TIPP Insider-Tipp
- ★ Highlight
- ●●●● Best of ...
- Schöne Aussicht
- Grün & fair: für ökologische oder faire Aspekte
- (*) kostenpflichtige Telefonnummer

PREISKATEGORIEN HOTELS

€€€ über 160 Euro
€€ 80–160 Euro
€ bis 80 Euro

Die Preise gelten pro Nacht für ein DZ mit Frühstück in der Hauptsaison (Mitte Dez.–Karneval, Juni–Aug.)

PREISKATEGORIEN RESTAURANTS

€€€ über 20 Euro
€€ 10–20 Euro
€ bis 10 Euro

Die Preise gelten für ein durchschnittliches Hauptgericht ohne Getränke

 Titelthemen: Rio de Janeiros Strände S. 40 | Sumpfgebiet Pantanal S. 89

INSIDER TIPP Ungeahnte Genüsse

Gehen Sie auf kulinarische Entdeckungstour und probieren Sie einmal die Amazonas-Spezialität *Tacacá* – perfekt zubereitet von Gisela – auf dem Platz am Opernhaus von Manaus. Das erfrischende Kribbeln im Mund kommt von den Jambu-Blättern → S. 81

INSIDER TIPP Ab in die Wildnis!

Ein echtes Abenteuer für Naturfans: Erleben Sie das einzigartige Feuchtgebiet des Pantanal und seinen unglaublichen Artenreichtum an Pflanzen und Tieren auf der weitläufigen Fazenda *Barranco Alto* am Rio Negro → S. 91

INSIDER TIPP Geschenke für die Meeresgöttin

Bei der *Festa de Yemanjá* im Bundesstaat Bahia – die größte findet in Salvadors Stadtteil Rio Vermelho statt – sind die Candomblé-Trommeln am Strand zu hören (Foto u.) → S. 122

INSIDER TIPP Zu Gast bei Oscar

Das wie die Hauptstadt selbst von Oscar Niemeyer entworfene Hotel *Brasília Palace* garantiert das schönste Brasília-Feeling: mit Blick auf die Lagune und Joggen vor dem Präsidentenpalast → S. 88

INSIDER TIPP Der Geschmack Brasiliens

In ihrem Restaurant *Brasil a Gosto* in São Paulo zaubert die junge, kreative Küchenchefin den unverwechselbaren Geschmack Brasiliens auf den Teller → S. 49

INSIDER TIPP Der Chronist von Bahia

Die *Casa do Rio Vermelho* in Salvador ist dem Schriftsteller Jorge Amado gewidmet, der die Menschen und die Kultur Bahias in seinen Werken verewigt hat → S. 66

INSIDER TIPP Stadtansicht

Vom 75 m hohen *Fernsehturm* aus können Sie die Kapitale Brasília, Oscar Niemeyers Wunderstadt im Flugzeugdesign, im Überblick bestaunen → S. 87

BEST OF ...

TOLLE ORTE ZUM NULLTARIF

Neues entdecken und den Geldbeutel schonen

SPAREN

● *Freier Blick – in jeder Beziehung*

Die Blicke von Zuckerhut und Corcovado kosten Geld, der Besuch der *Aussichtsplattform Dona Marta* in Rio ist kostenlos. Sie schauen auf den Zuckerhut und die Guanabara-Bucht, im Rücken haben Sie den Corcovado mit der Christusstatue → S. 38

● *Sonntags im Park*

Der *Ibirapuera-Park* in São Paulo ist für die Paulistas so wichtig wie der Central Park für die New Yorker. Joggen, schlendern, Basketball spielen, skaten oder eine Kunstausstellung besuchen. Sonntags gibt's Konzerte auf der Freiluftbühne – umsonst und draußen (Foto) → S. 48

● *Straßenkarneval*

Der *Karneval in Salvadors Altstadt* ist bunt, vielfältig und kostenlos – anders als die großen Blocos de Trio oder der Besuch in einem Camarote. Bunte Afrogruppen, ausgelassene Fanfarentrupps und verrückte Minitrios sind in den Kopfsteingassen unterwegs → S. 24

● *Zu Fuß auf den Morro da Urca*

Der Zuckerhut ist ein Muss für jeden Rio-Besucher, aber wenn die Schlangen zu lang sind, das Budget eng geworden ist: Den *Morro da Urca* können Sie zu Fuß erklimmen, kostenlos. Auch von dort ist der Blick auf die Strände schon beeindruckend → S. 40

● *An den Wolken kratzen*

Von der Aussichtsplattform des *Edifício Altino Arantes* genießen Sie den kostenlosen Blick auf São Paulos unüberschaubares Hochhausmeer, bei guter Sicht 40 km weit – atemberaubend! → S. 48

● *Bolero zum Sonnenuntergang*

Wer im Nordosten unterwegs ist, sollte sich den Sonnenuntergang am Strand des Paraíba-Flusses in *João Pessoa* nicht entgehen lassen: Jeden Abend spielt hier Jurandy do Sax auf einem Ruderboot im Fluss Maurice Ravels wohl bekanntestes Stück – Eintritt frei! → S. 59

●●●● Diese Punkte zeichnen in den folgenden Kapiteln die Best-of-Hinweise aus

Chillen in der Strandbar

Krebse klopfen, frittierten Fisch essen, flirten, mit Freunden lachen, im Familienkreise zusammensitzen – der Besuch einer Strandbar gehört zu den liebsten Beschäftigungen der Brasilianer am Wochenende. Machen Sie mit, z. B. in der *Barraca do Loro* in Salvador → S. 67

Rhythmus, der ins Blut geht

Der Samba und Brasilien, das gehört einfach zusammen. Eine der besten Samba-Rodas der Stadt gibt es mit der *Samba da Ouvidor* samstags im Zentrum von Rio. Dann sorgen exzellente Musiker für Stimmung; mit Essen und Getränken können Sie sich in den umliegenden Bars versorgen → S. 44

Fleisch vom Grill

Die Kellner tragen schwarze Pluderhosen und säbeln von einem langen Spieß das köstliche Grillfleisch in dünnen Scheiben auf die Teller. *Rodízios* heißen diese Art von Grillrestaurants, die es in ganz Brasilien gibt. Die besten gehören zur Kette *Fogo de Chão*, ein besonders schönes Lokal ist jenes in Rio de Janeiro (Foto) → S. 41

Volksfeste

Wenn Sie im Juni/Juli in Brasiliens Nordosten unterwegs sind, begegnen Sie der Tradition der *Festas Juninas* auf wimpelgeschmückten Dorfplätzen. Holzfeuer, gerösteter Mais, Liköre, Erdnüsse, Orangen und Süßspeisen gehören ebenso dazu wie die kleinen Musikgruppen mit Ziehharmonika, Triangel und Trommel → S. 122

Kampftanz

Capoeira, der brasilianische Kampftanz, wird in Schulen und Sportstudios trainiert. Oft gibt es einen Tag in der Woche, an dem *Roda* ist. Manchmal treffen sich Capoeiristas auch spontan zu einer Roda auf der Straße, z. B. bei den religiösen Festen in Salvador, den Lavagems und der Festa de Yemanjá → S. 22, 66

Köstlichkeiten von der Straße

Acarajé in Bahia, *Beiju* im Nordosten, *Tacacá* im Amazonasgebiet – die Brasilianer lieben ihre improvisierten Imbissstände, die am frühen Nachmittag öffnen und in jeder Region eine andere Spezialität anbieten. Probieren Sie mal Tacacá in Belém! → S. 77

BEST OF ...

SCHÖN, AUCH WENN ES REGNET

Aktivitäten, die Laune machen

REGEN

Trockenübung für Fußballfans

Wenn es mal regnet, bleiben Sie unter den Tribünen des Pacaembu-Stadions im *Fußballmuseum* in São Paulo trocken. Die Stimmung im Stadion wird akustisch nachempfunden → S. 48

Kunst in der Festung

Besuchen Sie die *Festungen* im Stadtteil Barra, wenn's in Salvador mal regnet. Die Bilder von Carybé geben einen farbenfrohen Eindruck vom Alltag in Bahia, den der Fotograf Pierre Verger in Schwarz-Weiß festgehalten hat → S. 66

Kaufrausch

Wenn es draußen so richtig grau ist, dann leuchten die Vitrinen der *Shoppingcenter von São Paulo* noch strahlender und bunter. An Regentagen bleiben Sie beim Einkaufsbummel nicht nur trocken, Sie verpassen dann ja auch keinen Strandnachmittag oder einen idyllischen Sundowner (Foto) → S. 50

Im Café den Lebenskünstler spielen

Stilvoll Kaffee trinken und süßes Gebäck genießen – das können Sie in der *Confeitaria Colombo* in Rios Zentrum. Zwischen Spiegeln und Kristalllüstern träumt man da von alten Zeiten → S. 39

Raritätenkabinett

Den täglichen Regenschauer können Sie kaum vermeiden in Belém. Am besten sind Sie um diese Zeit im *Museu Paraense Emílio Goeldi.* Der Deutsch-Schweizer Emil Goeldi hat das Raritätenkabinett eines Naturforschers in ein modernes Museum verwandelt → S. 76

Bei Speis und Trank auf gutes Wetter warten

Eine deftige Feijoada am frühen Nachmittag, begleitet von einer Caipirinha und vielleicht einer Sambagruppe – dabei vergisst man den Regen. Lecker ist der Bohneneintopf im *Jobi* in Rio → S. 42

ENTSPANNT ZURÜCKLEHNEN

Durchatmen, genießen und verwöhnen lassen

ENTSPANNT

Sonne, Strand und Wasser

Was gibt es Schöneres, als am frühen Morgen oder am späten Nachmittag am Wasser entlangzulaufen. Wenn die ersten Sonnenstrahlen die Oberfläche zum Glitzern bringen oder die letzten Himmel und Wolken rosa-violett färben. Wo das am schönsten ist? Am Strand von *Copacabana* (morgens) oder *Ipanema* (nachmittags) (Foto) → S. 40

Augenblicke der Besinnung

Wenn Ihnen die Hektik São Paulos zu viel wird, besuchen Sie die im Zentrum liegende *Basílica de São Bento.* Morgens singen hier die Mönche gregorianische Gesänge. Im dunklen Innenraum finden Sie den ganzen Tag über Ruhe und können die Gedanken sammeln → S. 48

Entspannungsmassage

Ob am Strand, am Flughafen oder in der Karnevalslounge: Überall, wo Massageliegen oder -stühle stehen, können Sie sich durchkneten lassen. Besonders stimmungsvoll geht das unter den Palmen des *Jardim de Alah* an der Küstenstraße in Salvador → S. 67

Ab in die Hängematte

Kaum etwas ist so entspannend, wie bei Regen sanft in einer Hängematte zu schaukeln, den Tropfen beim Fallen zuzuhören, zu lesen, zu dösen, seinen Gedanken nachzuhängen. Das geht besonders gut in der *Pousada Vila Sereia* in Boipeba → S. 71

Sternenhimmel

Schauen Sie mal nach oben! In den Bergen der *Chapada Diamantina* ist die Sicht nach oben häufig komplett klar. Da spannt sich der funkelnde Sternenhimmel mit dem Kreuz des Südens von Horizont zu Horizont – das macht den Kopf frei → S. 70

The Girls from Ipanema

Hier können sich die Damen der Schöpfung einmal richtig verwöhnen lassen: *Care Body & Soul* in Rios edlem Stadtteil Ipanema ist einer der angesagtesten Beautysalons des ganzen Landes → S. 43

AUFTAKT

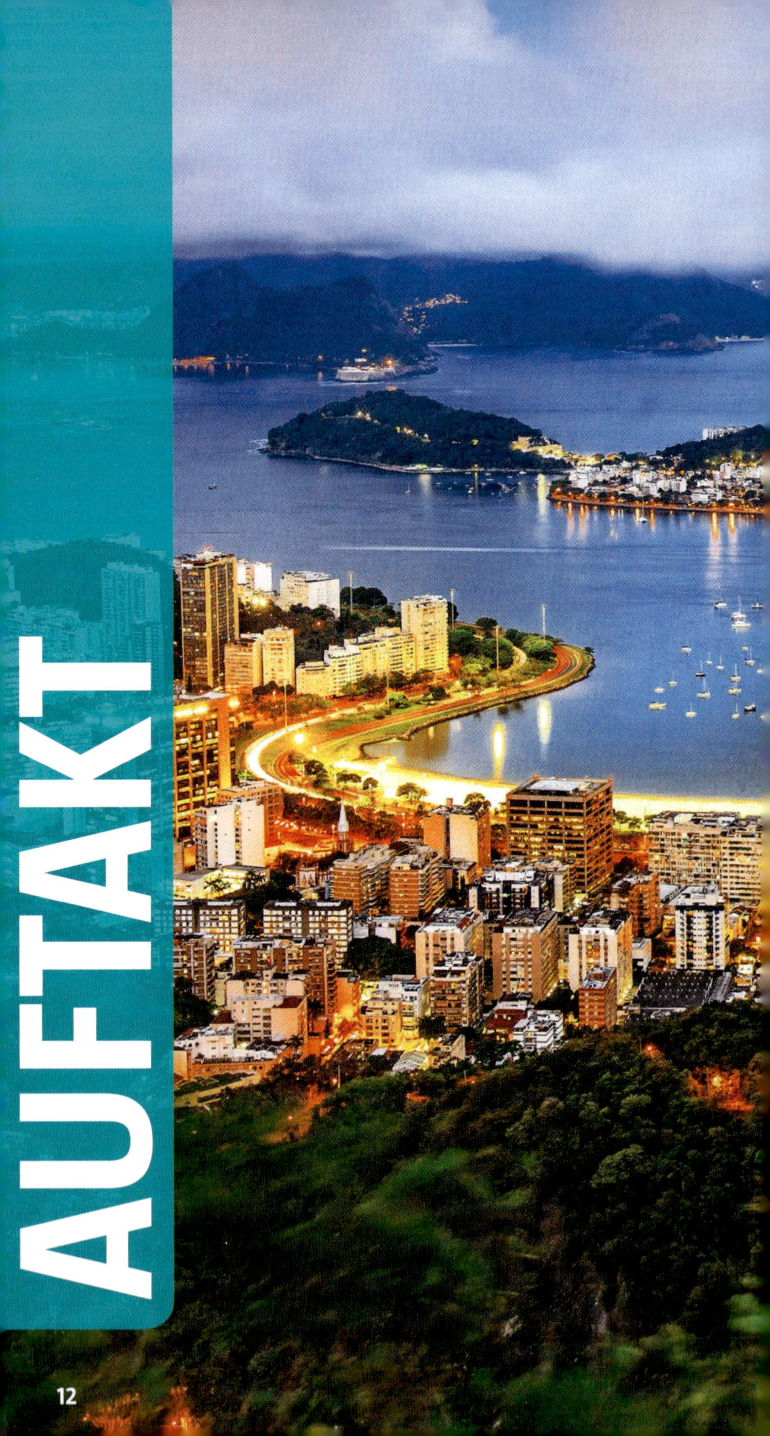

ENTDECKEN SIE BRASILIEN!

„Der erste Eindruck von diesem Lande ist der einer verwirrenden Üppigkeit. ... Hier hat die Natur in einer einmaligen Laune von Verschwendung alles auf einen Raum gedrückt, was sie sonst auf mehrere Länder verteilt", schrieb der österreichische Schriftsteller Stefan Zweig vor über 70 Jahren in seinem Buch „Brasilien, Land der Zukunft". Brasilien hat ***alles im Überfluss***: so viel Fläche, dass ganz Europa beinahe hineinpasst, rund 8000 km Küste, das größte Regenwaldgebiet, den längsten Fluss der Erde, stellenweise so viele Tier- und Pflanzenarten auf einem Hektar wie in ganz Europa zusammen, zwei der größten Städte der Welt, über 190 Mio. ***Menschen mit Hautfarben in allen Tönen, unterschiedlichster Herkunft und Kultur***: Portugiesen, Spanier, Deutsche, Italiener, Litauer, Polen, Syrer, Libanesen, Japaner, Koreaner und vor allem Afrikaner, die als Sklaven über drei Jahrhunderte lang ins Land gebracht wurden. Von den Ureinwohnern, den Indianern, leben nur noch wenige Hunderttausend auf einer Fläche so groß wie Deutschland, die ihnen von armen Siedlern und Goldsuchern streitig gemacht wird.

Brasilien ist ein Land der ***Superlative und Kontraste***. Es überwältigt durch die überbordende Natur, die Schönheit der Menschen, die Mischung der Kulturen und die Ek-

Bild: Rio de Janeiro

Tropisches Idyll am Atlantik: Badebucht an der Costa Verde bei Parati

stase des Karnevals. Aber Brasilien verstört auch durch seine Gegensätze: von Arm und Reich, Agrarbusiness und intakter Natur, Lebensfreude und alltäglicher Gewalt.

Land der Vielfalt und der Gegensätze

Den Südosten dominieren die ***Millionenstädte Rio de Janeiro und São Paulo***, zwei Städte, deren Antagonismus Sie auch als Besucher spüren. Beim Anflug auf São Paulo ein endloses Hochhausmeer, kaum ein Flecken Grün – beim Anflug auf Rio die Spitzen der Berge, die dicht gedrängten Häuser der Favelas, während im Hintergrund in den geschwungenen Buchten das Blau des Meeres aufblitzt. Die Wirtschaft gibt den Takt in der Megapole São Paulo vor, während der Alltag in Rio noch immer von ***Strand und Samba*** auf der einen und dem Überlebenskampf in den Favelas auf der anderen Seite geprägt zu sein scheint. Im ***Karneval***, wenn sich die lebenstrunkene Stadt und ihre *cariocas* genannten Einwohner feiern, erreicht das

1500 Pedro Álvares de Cabral nimmt das Land des Brasilholzes für Portugal in Besitz

1534 Aufteilung in zwölf Capitanias, königliche Lehen

1624–54 Invasion der Holländer im Nordosten Brasiliens

1763 Rio de Janeiro wird Hauptstadt

1808 João VI. flüchtet vor Napoleon aus Lissabon nach Rio

1822 Sein Sohn Pedro I. ruft die Unabhängigkeit aus und wird Kaiser

Stadt-Feeling seinen Höhepunkt. Das Hinterland Rios und São Paulos ist hügelig und ländlich, und je weiter es in die Berge von Minas Gerais geht, desto barocker und katholischer wird die Stimmung. Der Nordosten Brasiliens, die nach Europa und Afrika zeigende Spitze, beginnt mit Bahia und endet in São Luís kurz vor der Amazonasmündung. Dazwischen liegen ***3300 km Strände***, palmengesäumt, mit Dünen, Steilküsten oder Buchten, Urlaubsparadiese für Touristen aus Brasilien und aller Welt. Das Sertão genannte Inland ist trocken und bergig. Manchmal regnet es mehrere Jahre nicht, sodass Mensch und Vieh nicht genug Wasser haben. Kein Wunder, dass die meisten Bundesstaaten des Nordostens auf den Tourismus als Haupteinnahmequelle setzen.

Im Nordosten wird das afrikanische Erbe gepflegt

In Salvador ist Brasilien Afrika am nächsten. In der ersten Kolonialhauptstadt wurden seinerzeit die meisten Sklaven an Land gebracht, sodass bis heute über 85 Prozent ihrer Einwohner afrikanischer Herkunft sind. Die historische Altstadt mit ihren prächtigen ***Barockkirchen und Kolonialhäusern*** wurde zum Weltkulturerbe erklärt. Genauso wie der ***Samba***, die von den Sklaven mitgebrachten Rhythmen und Tänze, die mit der Karnevalsmusik die ganze Welt eroberten. Die Holländer setzten sich Anfang des 17. Jhs. in Olinda bei Recife fest, von wo sie über 20 Jahre lang Teile des Nordostens beherrschten. Auch das barocke Kleinod Olinda ist heute Weltkulturerbe, und in Recife gibt es eine lebhafte Musikszene, die traditionelle Rhythmen des Nordostens mit Rap und Funk vermischt. Fortaleza ist die Hauptstadt des ebenso windigen wie sonnengeküssten Bundesstaats Ceará. In dem von Franzosen gegründeten São Luís, der Hauptstadt des Bundesstaates Maranhão, mit seinen mit Kacheln geschmückten Kolonialbauten spürt man schon ***die Nähe zur Karibik***. Die überwiegend afrobrasilianische Bevölkerung hört Reggae und feiert mit afrobrasilianischen Mysterienspielen.

Je weiter man in Brasilien nach Westen kommt, desto weiter wird das Land, desto grenzenloser wirkt es. Da sind die Ebenen, die für Rinderzucht und Getreideanbau genutzt werden, und die *cerrados* des trockenen Planalto, auf dem sich – über 1000 km von Rio und São Paulo entfernt – ***die Hauptstadt Brasília*** erhebt. 40 000 Bauarbeiter stampften die Stadt innerhalb von vier Jahren aus der roten Erde. Der Wildnis des Westens kommt man in den Sümpfen des Pantanal nahe, wo es bis heu-

1840 Dom Pedro II. wird zum Kaiser gekrönt und regiert Brasilien von da an fast 50 Jahre lang

1888 Ende der 350 Jahre dauernden Sklaverei durch das von Prinzessin Isabel unterzeichnete „Goldene Gesetz"

1889 Großgrundbesitzer und hohe Militärs setzen den Kaiser ab, Brasilien wird Republik

1930 Getúlio Vargas übernimmt mit einem Staatsstreich die Macht. Sein Estado Novo wird 1945 von den Militärs beendet

te mehr Tiere als Menschen gibt. Nördlich des Pantanal, da wo der Planalto zum Amazonasbecken abfällt, beginnt das größte Regenwaldgebiet der Welt, ***die grüne Lunge unseres Planeten***. Amazonien bedeckt fast die Hälfte Brasiliens, ein Ökosystem mit eigenen Gesetzen. In den letzten 40 Jahren sind rund 18 Prozent der Regenwaldfläche verlorengegangen, das sind 710 000 Quadratkilometer – eine Fläche doppelt so groß wie Deutschland. Illegale Abholzungen und Brandrodungen für Rinderzucht und Soja-Anbau sind hauptverantwortlich dafür. In den letzten Jahren sind die Rodungsraten allerdings erheblich zurückgegangen – auch in Brasilien wächst das Umweltbewusstsein. Der Süden Brasiliens ist die ***Region der europäischen Einwanderer***. Dort, wo Brasilien an Argentinien und Uruguay grenzt, liegen die weiten Ebenen der Pampa. Hier kämpften die stolzen Gauchos für ihre Unabhängigkeit und gaben den Bewohnern des südlichsten Bundesstaates Rio Grande do Sul ihren Namen. Auch musikalisch sind sie mit Milonga und Gitarrenmusik ihren südlichen Nachbarn nahe. ***Wagnis und Weite*** liegen dicht neben Tradition und Enge. Auf dem Land leben die deutschen und italienischen Immigranten teilweise noch wie unsere Großeltern. Canyons und Wasserfälle, Hortensien und Kiefern, Sommer und subtropische Winter, in denen es sogar schneien kann. Und im Sommer, wie überall in Brasilien, geht es an die Strände.

Amazonien, eine schillernde eigene Welt

Brasilien ist seit Mitte der 1980er-Jahre eine ***stabile Demokratie***. Mit Präsident Lula hatte erstmals die breite Mehrheit einen Vertreter an der Spitze des Landes, mit dem auch das Establishment zurechtkam. Seine Nachfolgerin übernahm 2011 ein boomendes Land mit starker Währung und einem funktionierenden politischen System. Dilma Roussef war die erste Frau auf dem Präsidentensessel, eine unnachgiebige Kämpferin, mit der Brasilien aber in eine tiefe Krise geriet. Während der Militärdiktatur hatte sie sich im bewaffneten Widerstand engagiert, war verhaftet und gefoltert worden. Als Präsidentin musste sie sich 2016 einem Impeachverfahren stellen, das schließlich zu ihrer Absetzung führte und ihren Vize, den liberal-konservativen Michel Temer, als neuen Präsidenten einsetzte. Ausgerechnet im Jahr der ***Olympischen Spiele in Rio***, geriet das Land damit in eine tiefe wirtschaftliche, politische und ethische Krise. Nie zuvor wurden die parteiübergreifenden Korruptionsskandale so schonungslos in die Öffentlichkeit gebracht; zahlreiche Unternehmer sitzen in Un-

1956 Juscelino Kubitschek wird Präsident und treibt die Industrialisierung voran

1960 Einweihung Brasílias als Hauptstadt

1964 Das Militär putscht sich an die Macht, wo es sich 20 Jahre hält

1985 Der erste gewählte Präsident nach der Militärdiktatur, Tancredo Neves, stirbt noch vor Amtsantritt. Nachfolger wird Vize José Sarney

1994 Präsident F. H. Cardoso stabilisiert das Land mit der Einführung des Real

Oscar Niemeyers futuristisches Auditorium im Parque do Ibirapuera in São Paulo

tersuchungshaft, Politiker wurden zum Rücktritt gezwungen. Die Wirtschaft steckt in einer Abwärtsspirale, die Inflation steigt, ***die Zukunft ist ungewiss***. Neuwahlen wird es voraussichtlich nicht geben, erst 2018 werden die Brasilianer wieder zur Wahl eines neuen Präsidenten gebeten.

Das Grün des Urwalds, das Gelb des Goldes, das Blau der Flüsse und des Meeres, die weißen Sterne der Bundesstaaten wie Satelliten darin: Die Fahne wird schon im Kindergarten gehisst und jede Woche die Nationalhymne gesungen. Brasilianer ist man/frau mit Leib und Seele, besonders wenn die Nationalmannschaft Fußball spielt oder man selbst in der Ferne weilt. ***Saudade*** heißt Sehnsucht, und die spüren Brasilianer häufig. „Brasilien verkörpert das Emotionale und Gefühlsbetonte wie wenige andere Kulturen", sagt der französische Anthropologe Michel Maffesoli, „eine Vorstellungswelt, in der die Gefühle als Widerstand gegen die Schwierigkeiten herangezogen werden." Lächeln allen Widrigkeiten zum Trotz – das ***Land der Zukunft*** ist Brasilien geblieben.

2003–2010
Mit Luiz Inácio Lula da Silva übernimmt 2003 erstmalig ein Arbeiter das Präsidentenamt

2011
Dilma Rousseff, ebenfalls Mitglied der Arbeiterpartei PT, wird Lulas Nachfolgerin auf dem Präsidentensessel

2014
Bei der Fußball-WM in Brasilien wird Deutschland Weltmeister

2016
Im Jahr der Olympischen Spiele in Rio steckt Brasilien in einer tiefen Krise. Präsidentin Dilma Rousseff wird durch ein Impeachment-Verfahren abgesetzt; Nachfolger wird Michel Temer

IM TREND

1 Fastfood mit Anspruch

Hamburgueria Vom Amazonas bis zum Rio de la Plata: Burger sind die beliebteste Zwischenmahlzeit der Brasilianer. Für viele gehört ein Besuch bei einer der Ketten zum Wochenendprogramm; Trend in Großstädten sind *Hamburguerias Artesanães*, also Designerburger. Das Fleisch wird über Holzkohle gegrillt, das Brot eigens gebacken, die Sauce frisch angerührt. In São Paulo haben inzwischen sogar Traditionsbotecos eine eigene Hamburger-Abteilung. Ein Tipp dort: *Hamburgueria do Sujinho (Rua Maceió 64 | Consolação | €)*.

2 Rio do Futuro

Neues Szeneviertel Die Praça Mauá in Rios Zentrum ist seit Jahrhunderten das Herz der Stadt. Liebeshungrige Matrosen gingen hier an Land, staunende Reisende und Glücksritter aus aller Welt. Wie viele Hafenviertel galt die Gegend lange als zwielichtige No-Go-Area. Zu den olympischen Spielen wurde sie saniert; an der Praça Mauá eröffneten zwei Museen, und in den Straßen rundum zogen Bars und Restaurants in leerstehende Lagerhäuser (s. auch S. 38).

3 Kalte Köstlichkeiten

Eisboom Es begann damit, dass Pappkakteen die Tiefkühltruhen zierten, aus der die *Paleta Mexicana,* Eis am Stiel, verkauft wurde: süße Milchcreme, eingeschlossen in Frucht- oder Schokoeis. Alle probierten die Neuheit. Dass die gar nicht aus Mexiko kommt, sondern eine brasilianische Erfindung ist, wurde erst später bekannt. Wirklich aus Italien kommt der „Milchkuss“, köstliches Eis, das in den weiß gestrichenen und im Retrostil eingerichteten Eisdielen von *Bacio di Latte* serviert wird (Filialen in São Paulo und Rio de Janeiro).

In Brasilien gibt es viel Neues zu entdecken. Das Spannendste auf diesen Seiten

Foodtrucks

4

Essen auf Rädern Es begann wie so vieles in Brasilien als Improvisation. An der Strandpromenade von Salvador stärkten sich die Nachtschwärmer am mobilen Imbissstand *Quatro Rodas* (Vier Räder) mit deftiger Feijoada (Bohneneintopf mit Speck). Und auf dem Wochenmarkt in São Paulos Stadtteil Liberdade verkauften die Japaner das Nudelgericht Yakisoba aus dem Kombi. Ob in Rio, Campo Grande oder Manaus – Foodtrucks sind inzwischen in jeder brasilianischen Stadt unterwegs. Es gibt alles: vom klassischen Hamburger über Acarajé bis zu Soulfood. In São Paulo stehen an der Avenida Paulista (in Höhe des MASP) meist gleich mehrere Imbisswagen nebeneinander, und in Rio hat die Präfektur 84 Orte ausgezeichnet, die von den Trucks angefahren werden dürfen. Die Standorte für ganz Brasilien finden Sie hier: *www.foodtrucknasruas.com.br*

Fitness ohne Tamtam

5

Slack und Funcional Im Zickzack um Markierungsposten rennen, schwere Schiffsketten durch den Sand ziehen, Kisten schleppen – *funcional* heißt das neue Fitnesstraining am Strand oder auf einem Platz im Viertel, das mit improvisiertem Material auskommt. Auch die Sportstudios selbst haben den Trend aufgenommen und richten neben dem Bereich mit den Hochglanzapparaten und der Klimaanlage Freilufträume mit sparsamem Zubehör ein, die an Turnhallen aus den 60er-Jahren erinnern. Mitmachen kann man fast immer – einfach nach dem Tagessatz fragen. An vielen Stränden werden zwischen zwei Palmen auch Slacklines gespannt (Foto).

FAKTEN, MENSCHEN & NEWS

AMAZONAS

Mit 6800 km ist der Amazonas der längste Fluss der Welt. Das größte Frischwasserreservoir des blauen Planeten wird aus rund 1100 Zuflüssen gespeist, 17 davon sind über 1600 km lang. Eine Wassertiefe von gut 60 m ermöglicht es selbst Ozeanriesen, 3720 km flussaufwärts zu fahren. An der engsten Stelle, in Óbidos, ist der Fluss noch immer 2 km breit; an der Atlantikmündung in Belém öffnet sich ein 330 km breites Delta. Das Amazonasbecken beherbergt das größte Regenwaldgebiet der Welt, in dem ein Drittel aller bekannten Pflanzen- und Tierarten zu Hause ist. Drei Viertel der Fläche Amazoniens, mit rund 5,8 Mio km^2 eine Fläche so groß wie ganz Europa ohne Russland, liegen in Brasilien. Seit den 1970er-Jahren sind große Flächen tropischen Regenwalds durch Rodungen verlorengegangen. Strengere Umweltgesetze und eine konsequentere Anwendung der Gesetze konnten die Geschwindigkeit der Zerstörung in den letzten Jahren zumindest etwas verringern.

BRASILIANER

204 Mio. Menschen leben in dem Land mit kontinentalen Ausmaßen, Menschen unterschiedlichster Herkunft und Hautfarben. Portugiesen, Italiener, Spanier und Deutsche, Japaner, Araber und Juden – die trockene Statistik fasst zusammen: 52,4 Prozent haben eine dunkle Haut, 45,5 Prozent sind weiße Brasilianer, 1,8 Prozent asiatischer Herkunft und 0,3 Prozent indianischer Abstammung.

Bild: Maracanã-Stadion in Rio de Janeiro

Von Capoeira, Fußball und Samba: brasilianische Mischung – afrikanische Wurzeln und europäische Kultur in tropischen Gefilden

Während der Kolonialzeit brachten die Portugiesen rund 8 Mio. afrikanische Sklaven ins Land. So erklären sich über 140 Bezeichnungen der eigenen Hautfarbe beim Zensus. Von den rund 5 Mio. Ureinwohnern leben heute noch rund 200 indigene Gruppen weit verstreut und sprechen verschiedene Sprachen.

Candomblé

Die afrikanischen Sklaven brachten ihren Glauben mit in die Neue Welt. Als Candomblé bezeichnet man die religiösen Praktiken zu Ehren der afrikanischen Götter, die je nach ihrer Herkunft *Orixás* oder *Voduns* (bei den Yoruba und Jeje aus Westafrika) und *Inquices* (bei den Bantu aus Angola) genannt werden. Die Sklaven wurden von den Kolonialherren zwangsgetauft. Das verhinderte nicht, dass sie weiter ihren Göttern huldigten, im Notfall „versteckt" hinter dem Bild eines katholischen Heiligen. So entstand der Synkretismus, wie man die Vermischung verschiedener Religionen nennt. Als Umbanda bezeichnet man die Vermischung afrikanischer Götter mit katholischen Heiligen und dem Spiritismus – verbreitet in Rio de Janeiro und im Süden. Wer von Macumba spricht, meint meist schwarze Magie.

CAPOEIRA

Kampf und Tanz, Gesang und Percussion, Improvisation und Akrobatik vereinen sich in der Capoeira, ursprünglich eine Kampftechnik, mit der die Sklaven unter dem Deckmantel von Musik und Tanz ihren Körper stählten. Bei einer Capoeira stehen zwei Kontrahenten innerhalb eines Kreises und versuchen, ihr Gegenüber mit schwingenden Schritten, Tritten und Schlägen, echten und angedeuteten, zu dominieren. Das Geschehen in der *roda,* dem Kreis, wird bestimmt vom *berimbau,* dem mit einer Metallsaite gespannten Musikbogen mit der Kalebasse. Dazu gehören auch die *atabaque* genannte Fasstrommel und das Schellentamburin. Die Umstehenden singen und klatschen den Rhythmus. Capoeira wird auf der Straße praktiziert, in Schulen unterrichtet und in Sportstudios trainiert. Man unterscheidet zwischen der athletischeren *Capoeira regional* und der traditionellen *Capoeira Angola.*

Wenn Sie den Kampftanz einmal selbst probieren wollen, gehen Sie zu Mestre Camisa, der in Rios Zona Sul jeden letzten Freitag im Monat ein Heer von Capoeirista kommandiert *(CIEP | Humaitá | www.abadacapoeira.com.br).* Die Capoeira Angola lernen Sie am besten in Salvador. Jeden Samstag *(9.30–13 Uhr)* gibt es eine Roda bei Mestre Valmir *(Rua Carlos Gomes 111 | Ed. Esther Moura Franco, 5. Stock | www.ficabahia.com.br).*

FAVELAS

Favelas heißen die planlos wachsenden, illegalen Wohnviertel der armen Brasilianer in den Städten. Der Name geht zurück auf einen Hügel in Zentrumsnähe, den Morro da Favela, auf dem sich Ende des 19. Jhs. nach der Abschaffung der Sklaverei und im Zuge der Landflucht Zuwanderer aus dem armen Nordosten angesiedelt hatten. Die meisten Favelas in Rio de Janeiro liegen bis heute an den Berghängen, in anderen Städten breiten sie sich in der Ebene aus. Große Probleme gibt es, wenn Drogenhändler in den unübersichtlichen Wohngebieten ihre Imperien einrichten. In Rio de Janeiro konnten einige der wichtigsten Favelas inzwischen von der Polizei befriedet werden – alles mit Blick auf die sportlichen Großereignisse.

FUSSBALL

1:7, das größte Trauma der brasilianischen Fußballgeschichte, ausgerechnet gegen Deutschland im Halbfinale! Die Weltmeisterschaft im eigenen Land sollte 2014 zum Höhepunkt der nationalen Leidenschaft werden, aber sie wurde zur größten Niederlage. Erst der Olympiasieg von Neymar & Co. bei den Spielen von Rio brachte 2016 der geschundenen Fußballseele ein wenig Linderung. Und wer war der Gegner im Endspiel? Natürlich Deutschland, das diesmal 6:5 im Elfmeterschießen bezwungen werden konnte. Fünfmal wurde die *seleção* (Auswahl) schon Weltmeister, zweimal war Brasilien Austragungsort. Als die Engländer das Spiel einst nach Brasilien brachten, war es nur den weißen Eliten vorbehalten. Das änderte sich bald. Welcher Hautfarbe auch immer, Pelé, Garrincha und Zico, Ronaldo, Kaká und Neymar – die Brasilianer sind Ballartisten, bekannt für Kreativität, Eleganz und Schlitzohrigkeit im Spiel. Die größten Talente spielen im Ausland, aber unter den kanariengelben Hemden schlagen die Herzen höher. Leidenschaft und Talent haben auch die brasilianischen Fußballfrauen: Fünfmal hintereinander wurde Marta zur besten Fußballerin der Welt gekürt.

GESELLSCHAFT

Brasilien ist das Land der Gegensätze: sozial, wirtschaftlich, kulturell. Das Land hat noch immer eine der größten Einkommenskonzentrationen weltweit. Der wirtschaftliche Reichtum konzentriert sich in den Städten des Südostens und Südens (São Paulo gilt als größte „deutsche" Industriemetropole), während der Nordosten und der Norden hinterherhängen. Dank des wirtschaftlichen Wachstums und eines breit angelegten Sozialprogramms unter Präsident Lula waren Millionen Brasilianer in die Mittelschicht aufgestiegen. Auf den Boom folgte die größte politische, ethische und wirtschaftliche Krise seit Ende der Militärdiktatur. Ein Korruptionsskandal gigantischen Ausmaßes erschütterte das Land unter Präsidentin Dilma Rousef. Die Kluft zwischen den gesellschaftlichen Gruppen wurde tiefer, die Probleme blieben ungelöst. Heute verkauft Brasilien Flugzeuge, exportiert Soja und Orangensaftkonzentrat, gleichzeitig sind fehlende Bildung, eine schlechte Gesundheitsversorgung und steigende Kriminalität die größten Probleme.

Farbenprächtig, laut und ausgelassen wird in Rio der Karneval gefeiert

KARNEVAL

Brasilien ist das Land des Karnevals. Die Portugiesen brachten das *Entrudo* (Fasching) mit in die Neue Welt. Daraus wurde in den Tropen durch den Einfluss der Sklaven und ihrer Nachfahren der farbenprächtigste Karneval der Welt. Ob bei der Parade der Sambaschulen oder im Straßenkarneval – die Zurschaustellung der brasilianischen Lebensfreude ist ein einmaliges Erlebnis. Karneval wird überall etwas anders gefeiert. Höhepunkt in Rio de Janeiro sind die zwei Nächte (So/Mo), in denen die zwölf besten Sambaschulen durch das Sambódromo ziehen.

Sie können als Zuschauer auf der Tribüne dabei sein oder sogar bei einer der Sambaschulen mitmachen. Tickets und Infos auf Englisch: *www.rio-carnival.net.* Umsonst auf der Straße sind die Umzüge der Karnevalsgruppen im Stadtzentrum, in Santa Teresa, Copacabana und Ipanema. In den letzten Jahren erlebte der Straßenkarneval eine echte Renaissance – mitfeiern erwünscht (Infos unter *www.sebastiana.org.br*)! Auch in São Paulo (Fr/Sa) und am Amazonas wetteifern die Sambaschulen bei einem Umzug durch ein Sambastadion. Im Nordosten wird der Karneval tagelang auf den Straßen gefeiert. In Salvador herrscht sieben Tage lang Ausnahmezustand: Riesige *Trios Elétricos* – so heißen die von Sattelschleppern gezogenen fahrbaren Bühnen, auf denen Musikgruppen spielen – schieben sich durch die Straßen. Begleitet werden sie von Tausenden Tanzenden in den jeweiligen Blocos. Entlang der Karnevalsmeilen sind Tribünen aufgebaut, *camarotes* genannt, von denen man dem Treiben auf der Straße zuschauen kann. Karten für Blocos und Camarotes gibt es bei *www.centraldocarnaval.com.br.* ● Viele kleinere Musik- und Karnevalsgruppen, darunter auch Blocos Afros und Blaskapellen, präsentieren sich im Pelourinho-Viertel – familiärer, entspannter, aber nicht weniger ausgelassen. Am späten Freitagnachmittag versammeln sich die Trommler Olodums vor der Casa de Olodum, am Sonntagnachmittag zelebrieren die Filhos de Gandhi das Eröffnungsritual auf dem Pelourinho-Platz.

Auch in Olinda und Recife wird auf der Straße gefeiert. Auf einer Bühne am Ponto Zero in der Altstadt Recifes präsentieren sich jede Nacht Frevo-, Maracatu- und Mangue-Beat-Gruppen. Das Treffen der riesigen Pappmachépuppen ist einer der Höhepunkte des Karnevals in den engen Gassen von Olinda. Hier ist der Karneval noch weniger kommerzialisiert als in den anderen Karnevalshochburgen. Wer will, kann mitmachen.

KOLONIALWAREN

Erst als es den portugiesischen Besatzern gelang, Zuckerrohr anzubauen, wurde Brasilien wirtschaftlich interessant. Für die harte Arbeit auf den Feldern verschleppten sie Afrikaner als Sklaven nach Brasilien, die auch auf den Kaffee- und Kakaoplantagen eingesetzt wurden – und im Bergbau. Zu Beginn des 18. Jhs. wurde in Minas Gerais Gold gefunden. Innerhalb weniger Jahre stieg Vila Rica (heute Ouro Preto) zur größten und reichsten Stadt Amerikas auf. Mit dem Gold wurden Kirchen und Paläste gebaut, in denen sich portugiesische Traditionen und brasilianisches Talent verewigten. Über zwei Jahrhunderte blieb Brasilien der größte Zuckerproduzent; bis heute ist das Land der größte Kaffeeproduzent, und in den Weiten der Amazonasregion wird immer noch nach Gold gesucht.

MUSIK & TANZ

Samba und Bossa Nova haben die brasilianische Musik berühmt gemacht. Im Alltag werden Sie sehen, dass immer irgendwo jemand singt, spielt, trommelt, tanzt. Musik gehört dazu, ganz gleich ob intellektuelle MPB *(Música Popular Brasileira)*, seelenvolle Sertanejo-Musik (die Country-Musik Brasiliens aus dem Sertão), poppige Axé-Music aus Bahia, Romantikschmelz, Funk und Rap, fetziger Forró oder eindeutig zweideutiger Pagode. Jede Region hat ihre eigenen Musikstile und ihre eigenen Stars. Die meisten Brasilianer sind begnadete Tänzer – normalerweise haben sie sich die Bewegungen irgendwo abgeschaut. Das können Sie auch: bei den Proben der Sambaschulen in Rio oder der Trom-

Jede Gelegenheit zum Tanzen wird gern genutzt: Frevo-Tänzerin in Olinda

melgruppen in Salvador. Ob Samba oder Afro, Jazz oder Ballett – überall im Land gibt es Tanz- und Ballettschulen, Kurse in Sport- und Fitnessstudios. Auch beim Tanz ist vieles der Mode unterworfen: War gerade noch Lambada angesagt, kann es schon kurz darauf *suingue baiano* („Swing aus Bahia") oder Zumba sein. Der neueste Schrei ist Fitdance.

RASSISMUS

Obwohl die brasilianische Bevölkerung eine wilde Mischung von Menschen unterschiedlichster ethnischer Herkunft ist, gibt es Rassendiskriminierung. Das wollten die Brasilianer lange selbst nicht wahrhaben, aber die statistischen Daten belegen die großen sozialen Diskrepanzen zwischen Brasilianern heller und dunkler Hautfarbe. Das vorherrschende Schönheitsideal orientiert sich an Nordeuropa: lange, glatte Haare, am besten blond, nicht allzu dunkle Haut und helle Augen. Inzwischen ist das (Selbst-)Bewusstsein der Afrobrasilianer jedoch gewachsen. Statt die Haare zu glätten, tragen die Jugendlichen Afromopps oder Flechtfrisuren und Rastazöpfe. Rassismus wird strafrechtlich verfolgt, und an den meisten öffentlichen Universitäten z. B. gibt es Quotenregelungen.

RELIGION

Bei aller Lockerheit der Brasilianer: Die Religion spielt im täglichen Leben eine wichtige Rolle. Bis heute ist Brasilien die größte katholische Nation der Welt, deren Bischöfe selbstbewusst auftreten. Aber der katholischen Kirche laufen die Gläubigen in Scharen davon, am häufigsten zu einer der modernen Pfingstkirchen, wo das persönlilche Seelenheil vor allem gegen finanzielle Beteiligungen zu haben ist. Die Vermischung der religiösen Traditionen, insbesondere der afrikanisch-animistischen mit den katholischen – der Synkretismus –, ist seit Jahrhunderten typisch für Brasilien. Es ist nicht ungewöhnlich, mehrfach den Glauben zu wechseln.

Bild: Nationalgericht Feijoada

ESSEN & TRINKEN

So farbig und bunt gemischt, wie sich die meisten Ausländer Brasilien erträumen, ist die vielfältige Küche des Landes. Die afrikanischen Einflüsse vermischten sich mit portugiesischen Traditionen und nutzten, was die Tropen und die indianische Ernährung hergeben: Fische und Meeresfrüchte, Früchte und Wurzeln sowie Maniok und Bohnen.

Einige Gerichte haben sich im ganzen Land durchgesetzt, wie das *churrasco,* gegrilltes Fleisch, und natürlich ***Bohnen und Reis***, *feijão com arroz*. Das brasilianische Nationalgericht, die *feijoada,* sollte man am besten in Rio de Janeiro probieren. In den Eintopf aus schwarzen Bohnen gehören traditionell die Fleischteile, die im Herrenhaus den Sklaven überlassen wurden: Schweineohren und -schwänze, Pfötchen und Bauchspeck. Heute kommt die ***feijoada*** in den Restaurants mit besseren Fleischteilen auf den Tisch, aber es bleibt ein deftiger Eintopf, zu dem weißer Reis gehört und *farinha,* geröstetes Maniokmehl. Für die Vitamine sorgen fein geschnittene Kohlblätter, die mit Knoblauch gegart werden, und Orangenscheiben. Den richtigen Pfiff gibt die scharfe Pfeffersauce, *molha de pimenta,* aus frischen Chilis gemacht und mit Vorsicht zu dosieren. Zur Feijoada gehört ***cachaça***, der Zuckerrohrschnaps, meist als *caipirinha* mit Limonen, Zucker und Eis oder als *batida,* angesetzt mit Fruchtsaft. In den letzten Jahren ergeht es dem Cachaça wie dem Grappa: Immer häufiger wird er fein gebrannt, in Holzfässern gereift und pur getrunken.

Süß, scharf, aromatisch, exotisch, bunt: Die brasilianische Küche vereint viele Geschmacksrichtungen und Traditionen

Aus den Pampas an der Grenze zu Uruguay und Argentinien kommt die **Tradition der Gauchos**, der Viehtreiber, Fleisch über offenem Feuer zu garen. Inzwischen gibt es in jeder Stadt zwischen Amazonas und Rio de la Plata eine *churrascaria*. Beim *rodízio* kann man für einen Einheitspreis so viel essen, wie man möchte. Wie in den Nachbarländern pflegen die Einwohner des südlichsten Bundesstaats die Tradition des Matétrinkens. Der belebende, frisch aufgegossene bittere Tee nimmt das Hungergefühl.

Die **portugiesischen Wurzeln** werden besonders deutlich in der deftigen *cozinha mineira,* der Küche aus Minas Gerais: Spanferkel, Kartoffel-Kohl-Suppe, gerösteter Schweinebauch *(torresmo)* und jede Menge süßer Kompotte und Karamellspezialitäten, Kuchen und Gebäckvarianten. In der Metropole São Paulo kommen zu den europäischen Traditionen die kulinarischen **Einflüsse der japanischen Einwanderer**: roher Fisch und dampfende Eintöpfe, gegrillte Köstlichkeiten und Sushi – nirgendwo sonst gibt

SPEZIALITÄTEN

Acarajé – Teigbällchen aus zerstoßenen Bohnen, Nüssen und Krabben, die in Dendê-Öl gebacken werden; in Bananenblättern gekocht heißt das ganze *abará*
Aipim – Maniokwurzeln, gekocht oder frittiert (Foto re.)
Beiju (Tapioca) – aus Maniokflocken gemachte Fladen, die süß oder salzig gefüllt werden
Bolinho de bacalhau – frittierte Stockfischbällchen
Caldeirada (Peixada) – Fisch- oder Meeresfrüchteeintopf
Caldo verde – Kartoffelsuppe mit Kohl und Würstchen
Camarão alho e oleo – mit Knoblauch frittierte Gambas (Foto li.)
Carne do sol – getrocknetes Rindfleisch
Caruru – Okraschoten mit getrockneten Krabben und Cashewnüssen
Cozido – Fleisch, das mit vielen verschiedenen Gemüsen zusammen geschmort wird
Cuzcuz – Pudding aus Mais- oder Maniokmehl
Farofa – geröstetes Maniokmehl mit Butter, Speck oder Bananen
Galeto – gegrilltes Hühnchen
Leitão Pururuca – gegrilltes Spanferkel
Maniçoba – deftiger Eintopf mit Maniokblättern und Fleisch
Mingau – heißer, flüssiger Brei aus Mais oder Maniok
Moqueca – Fisch- oder Meeresfrüchteeintopf, gekocht mit Tomaten, Paprika und Koriander in Kokosmilch und Palmöl; ohne Dendê-Öl heißt das Gericht *ensopado*
Pamonha – süßer Maisteig, gekocht in Maisblättern
Pão de queijo – aus Maniokstärke gebackene Käsebrötchen
Pato no Tucupi – gebratene Ente im Saft frischer Maniokwurzeln
Picanha – beliebtes Stück Rindfleisch mit Fettrand (Tafelspitz), das meist auf dem Grill zubereitet wird
Pirão – Brei aus Maniokmehl, der mit Sud angerührt wird
Quibe (Kibe) – frittierte Fleischbällchen arabischen Ursprungs
Rabada – geschmorter Ochsenschwanz
Vatapá – Paste aus gestoßenen Cashew- und Erdnüssen und getrockneten Krabben

es außerhalb Japans so viele japanische Restaurants wie hier.
Palmöl und Kokosmilch, Kochbananen und Chilischoten in allen Farben – in der bahianischen Küche brodeln **Zutaten afrikanischer Herkunft**. Das schwere, orangefarbene Öl der Dendê-Palme verbreitet seinen typischen Geruch, sobald es erhitzt wird. *Baianas* heißen die ambulanten Köchinnen in ihren prächtigen weißen Kleidern und turbanähnlichen Kopfbedeckungen, die in den Straßen Salvadors gehaltvolle Köstlichkeiten anbieten.
Die meisten Brasilianer können mit den exotischen Namen der Früchte und Fische der **Amazonasküche** wenig anfangen, aber einige Zutaten sind in ganz Brasilien verbreitet: *açaí,* ein dickflüssiges Püree aus *açaí*-Früchten, einer Palmenart, die in Amazonien zu Fisch, im Rest Brasiliens zu Müsli und Bananen gegessen wird, und *guaraná,* die brasilianische Brause, die wie aufgelöstes Weingummi schmeckt. Die Indios mahlten die getrockneten *guaraná*-Samen zu einem Pulver, das belebend wirkt.
Die **Vielfalt der tropischen Früchte** lernen die meisten Besucher bereits beim ersten Frühstück kennen: Bananen, Mangos, Ananas, Papayas, Melonen liegen appetitlich aufgeschnitten auf dem Frühstücksbüfett, dazu frisch gepresste Säfte aus Orangen, Maracuja, Cashew-, Stern- und Acerola-Früchten. Oft wird der Saft aus gefrorenem Fruchtfleisch mit Wasser und Zucker aufgeschlagen, das schmeckt fast wie frisch gemacht. Außerdem gibt es gekochte Maniokwurzeln oder Süßkartoffeln, Kuchen, Kekse und süßen Brei. Und natürlich darf der *café* nicht fehlen. Anders als in Europa gibt es keine Tradition des Cafébesuchs, aber einen *cafézinho,* einen bereits gesüßten schwarzen Kaffee, bekommt man tagsüber überall angeboten.

Das **Mittagessen** ist den Brasilianern heilig: Punkt zwölf stehen Reis und Bohnen auf dem Tisch. In den Städten bilden sich Schlangen vor den Restaurants mit Mittagsbüfett. *A kilo* heißt das, weil sich jeder selbst am Büfett bedient und hinterher nur der Teller gewogen wird. Bei der Bestellung im Restaurant sollte man sich vergewissern, ob es sich um ein *prato individual* handelt oder nicht, denn oft sind die Portionen für zwei Personen gedacht. Das Abendessen fällt im Allgemeinen leichter aus. Die Restaurants sind oft durchgehend geöffnet. Das ist praktisch, wenn man nach dem Strand schon nachmittags Hunger hat.

Fruchtig, erfrischend, lecker: Cocktails

Die Brasilianer sind **begeisterte Biertrinker**: Anders als in Deutschland muss es eiskalt in kleinen Gläsern serviert werden, am liebsten in einem *boteco,* einer einfachen Bar. In den Bars ist es üblich, zum Trinken immer eine Kleinigkeit zu essen; die sogenannten *petiscos* oder *tiragostos* gibt es zu jeder Tageszeit und bis spät in die Nacht. In den letzten Jahren hat sich der brasilianische Weinanbau modernisiert und produziert neben Rot- und Weißweinen guten Sekt.

EINKAUFEN

An was denken Sie bei Brasilien: an Sonne und Strand, an Kunsthandwerk, Essen und Trinken? In diesen Bereichen finden Sie auch die schönsten Kleinigkeiten. Um Öffnungszeiten müssen Sie sich wenig Gedanken machen: Shoppingcenter haben meist Mo–Sa 9–22 Uhr geöffnet, So meist ab Nachmittag. Supermärkte öffnen sieben Tage die Woche, teilweise sogar 24 Stunden. Oft gibt es am Abend auch irgendwo einen kleinen Markt.

BODY & SOUL

Hängematten sind im Nordosten zu bekommen, von der einfachen geknüpften bis zu schön gefärbten schweren Baumwollmatte – besonders schön von der Kooperative *www.terradosol.art.br*. Ein tolles Geschenk ist Naturkosmetik aus Wurzeln, Hölzern und Früchten wie Cacau-Fußcreme, Maracuja-Öl, Paranuss-Shampoo oder Andiroba-Seife. Produkte der Firma *Natura* gibt es in den meisten Flughäfen; neu auf dem Markt ist *L'Occitane au Brésil*.

KULINARISCHES

Das brasilianische Lebensgefühl fasziniert die meisten Reisenden. Deshalb gehört die Flasche Zuckerrohrschnaps für die Caipirinha zu den beliebtesten Souvenirs. Den einfachen *cachaça* gibt es für wenig Geld, die edleren, in Holzfässern gereiften Tropfen können jedoch teuer werden. Gut mitnehmen können Sie auch geröstete Cashewnüsse, wie sie häufig am Strand verkauft werden, und *cocada,* eine aus Kokosnuss und Zucker gemachte Süßigkeit.

KUNSTHANDWERK

Jede Region Brasiliens hat ihr besonderes Kunsthandwerk, ob es nun Tonarbeiten, Holzschnitzereien, Klöppelarbeiten, Web- und Flechtwaren oder naive Malerei sind. Die Kreativität der oft einfachen Künstler überrascht immer wieder – sei es in den detailreichen kleinen Bildern, dem aus alten Dosen gemachten Blechspielzeug oder den Szenen, die mit den Tonfiguren dargestellt werden. Im Amazonasgebiet kann man sehr schönen Indianerschmuck kaufen, Ketten und Armbänder aus farbigen Samen. Vorsicht jedoch beim Einkauf von Federschmuck, damit es keine Überraschungen bei der Einreise nach Deutschland gibt, da einige Federn aus Artenschutzgründen nicht eingeführt werden dürfen.

Brasilien zum Mitnehmen: daheim zu brasilianischer Musik in der Hängematte schaukeln und Caipirinha trinken ...

MUSIK

Jede Region hat ihre eigenen Musikstile und -traditionen, die wiederum in die moderne Musik eingehen. Von Samba und Pagode, Funk- und Axé-Musik bis zu MPB und Country – das Spektrum und damit die CD-Auswahl ist riesig. Bei Musik-DVDs bekommen Sie gleich noch einen Eindruck von Publikum und Stimmung. Wer nicht nur passiv hören, sondern selbst Musik machen möchte, sollte in einen Laden mit Musikinstrumenten gehen: Hier gibt es *pandeiros* (Tamburine), Trommeln mit Leder- und Plastikfellen, *reco-recos,* die schnarrende Geräusche von sich geben, jammernde *quicas* und *agogôs,* die Doppelglocken, oder *berimbaus*, die Musikbögen mit Kalebasse, die bei der Capoeira zum Einsatz kommen. Wer sich an all die wunderbaren Percussioninstrumente nicht herantraut, der kauft einen Regenstock *(pau-de-chuva),* ein mit Muscheln oder Samen gefülltes hohles Holzstück.

STEINE

So bunt wie der Alltag sind auch die Steine, die aus der Erde geholt werden. Brasilien besitzt Edel- und Halbedelsteine in allen Farben: Aquamarine oder Smaragde, Turmaline und Topase, aber auch Amethystdrusen und Versteinerungen. Wer mehr investiert, sollte dies bei einem renommierten Juwelier wie H. Stern machen (Filialen im ganzen Land).

STRANDMODE

Bikinis gibt's in allen Farben und Schnitten. Etwas Po sieht man immer, denn so große Hosen wie in Europa tragen hier nicht mal die Omas. Wem das zu frivol ist, der schlingt sich eine *kanga,* ein Strandtuch, um die Hüften. Zum perfekten Outfit gehören Flipflops. Und wer ins Sportstudio geht, wird die körperbetonten Tops und Leggins lieben, die u. a. in Bademodenläden wie Blue Man, Salinas, Lenny oder Água doce verkauft werden.

DER SÜDOSTEN

Der Südosten Brasiliens, das sind die beiden gegensätzlichen Millionenstädte Rio de Janeiro und São Paulo und deren atemberaubend schönes Um- und Hinterland: bizarr geformte Berge, wuchernder Urwald, kleine Buchten, aber auch die karge Bergregion Minas Gerais mit Belo Horizonte als Hauptstadt.

„Um Rio darzustellen, müsste man eigentlich ein Maler sein, um São Paulo zu schildern, ein Statistiker oder Nationalökonom. Man müsste Zahlen türmen und vergleichen, Tabellen nachzeichnen und versuchen, Wachstum in Worten sichtbar zu machen", schrieb Stefan Zweig in den 1930er-Jahren. Bis heute ist Rio die Stadt der Lebenskünstler, während in São Paulo gearbeitet wird – zumindest auf den ersten Eindruck.

BELO HORIZONTE

(143 E2) (*🕮 H5*) **Belo Horizonte (2,5 Mio. Ew.) hat sich von einem langweiligen Geschäftszentrum zur lebhaften Hauptstadt des an Bodenschätzen reichen Bundeslandes Minas Gerais entwickelt.**

Historische Gebäude wurden restauriert, Museen und Kulturzentren eingerichtet, und in den noblen Stadtvierteln eröffneten ausgezeichnete Restaurants. Belo Horizonte ist ein guter Ausgangspunkt für Besuche der Barockstädte von *Minas Gerais* – s. „Erlebnistouren" (s. S. 109) und des *Instituto Inhotim* (s. S. 36).

Bild: Rio de Janeiro, Copacabana

Die Schöne und die Geschäftige, ein starkes Doppel: Rio de Janeiro und São Paulo – dazu Strände und das bergige Hinterland

SEHENSWERTES

COMPLEXO ARQUITETÔNICO DE PAMPULHA

Das „schönste Stadtviertel des Landes" sollte Oscar Niemeyer bauen. Bis heute beeindrucken die markanten Gebäude aus den 1940er-Jahren rund um die künstlich angelegte Lagune, besonders die Bögen der Kirche *São Francisco de Assis (Di–Sa 9–17, So 12–17 Uhr | 2,50 R$ | Av. Otacílio Negrão de Lima 3000)* mit den blauen Kacheln des brasilianischen Modernisten Cândido Portinari. Am besten fahren Sie mit dem Taxi einmal um die Lagoa da Pampulha. In der Nähe liegt das imposante Fußballstadion *Mineirão,* das für die WM renoviert wurde.

MUSEU DE ARTES E OFÍCIOS

Im neoklassizistischen Gebäude des ehemaligen Hauptbahnhofs staunen Sie über den Reichtum regionaler Handwerkstradition, während draußen die Züge vorbeirattern. *Di–Fr 12–19, Sa/So 11–17 Uhr | 5 R$ | Praça Ruy Barbosa*

PRAÇA DA LIBERDADE

In die prächtigen Gebäude aus dem 19. Jh. rund um den Platz in Savassi sind Museen und Kulturzentren gezogen. Lange war der Platz das Zentrum der politischen Macht, heute ist er ein Kulturtreffpunkt. Im *Centro Memorial Minas Gerais (Di–Sa 10–17.30, So 10–15.30 Uhr | Eintritt frei)* begegnen Sie wichtigen kulturellen Vertreter des Bundesstaats: der Künstlerin Lygia Clark, dem Schriftsteller João Guimarães Rosa, dem Dichter Carlos Drummond de Andrade, dem Filmemacher Humberto Mauro, dem Fotografen Sebastião Salgado und dem Musiker Milton Nascimento.

Kunst im Garten präsentiert das Instituto Inhotim bei Belo Horizonte

ESSEN & TRINKEN

Die meisten Restaurants haben sonntagabends geschlossen. Dann geht man Pizza essen, weil Pizzerien häufig dann noch auf haben, z. B. das *Marília (tgl., nur abends | Tel. 031 32 57 20 27 | Rua Marília de Dirceu 189 | Lourdes | €–€€)*.

DONA LUCINHA

Im sympathischen Restaurant gibt's Köstlichkeiten der Minas-Küche vom Büfett. *So-Abend geschl. | Rua Padre Odórico 38 | São Pedro | Tel. 031 32 27 05 62 | €*

HERMENGARDA

Zeitgenössisch aufbereitete brasilianische Küche mit Trendgemüsen wie Pastinaken und Palmherzen – lecker! Besonders romantisch sind die Tische unter dem herrlichen Jabuticaba-Baum im Innenhof. *So-Abend und Mo geschl. | Rua Outono 314 | Carmo Sion | Tel. 031 32 25 32 68 | €€–€€€*

PROVINCIA DI SALERNO

Stimmungsvoller Italiener mit herausragenden Nudelspezialitäten. *So-abends geschl. | Rua Maranhão 18 | Santa Efigênia | Tel. 031 32 41 22 05 | €€*

XAPURI

Man sitzt an langen Tischen im Grünen. Probieren Sie das Beste, was die Küche von Minas Gerais zu bieten hat, z. B. in

Sirup geröstetes Schweinekarrée mit Maniokpüree. Das Restaurant liegt auf dem Gelände einer Fazenda, nahe der Lagoa da Pampulha. *So-Abend und Mo geschl. | Rua Mandacaru 260 | Braúnas | Pampulha | Tel. 031 34 96 61 98 |* €€

EINKAUFEN

Bummeln Sie durch das Villenviertel Lourdes, hier liegen rund um die Rua Rio de Janeiro und die Rua Antônio Aleixo einige der edleren Geschäfte Belo Horizontes. Ansonsten shoppen Sie in Savassi, wo auch das Shoppingcenter *Pátio Savassi* liegt.

MERCADO CENTRAL

An den 450 Marktständen finden Sie Käse, Zuckerrohrschnäpse, Kompotte – all das, wofür Minas Gerais berühmt ist. Im zweiten Stock residiert eine beliebte Boteco, die *Casa Cheia*, das „volle Haus". *Mo–Sa 7–18, So 7–13 Uhr*

AM ABEND

Belo Horizonte ist bekannt für die gute Küche seiner *botecos*, der einfachen Bars, in denen es zu kaltem Bier und Zuckerrohrschnaps leckere Kleinigkeiten – sogenannte *tira-gostos* oder *petiscos* – gibt.

ÜBERNACHTEN

CLARION LOURDES

Gepflegte Zimmer, aufmerksamer Service, Fußnähe zu den Bars und Restaurants im noblen Statteil Lourdes. *90 Zi. | Bernardo Guimarães 2032 | Lourdes | Tel. 0800 55 58 55 | www.atlanticahotels.com.br |* €€

HOLIDAY INN SAVASSI

Neueres Hotel im Ausgehviertel Savassi. Komfortable Zimmer, toller Service, angenehmes Ambiente. *216 Zi. | Rua Prof. Morães 600 | Tel. 0800 770 08 58 | www.holidayinnbrasil.com.br |* €€–€€€

MARCO POLO HIGHLIGHTS

★ Corcovado
Christus breitet an der Guanabara-Bucht seine Arme aus → S. 37

★ Santa Teresa
Bohemiens und Nachtschwärmer in Rio Antigo → S. 38

★ Zuckerhut
Wenn in Rio die Sonne untergeht, leuchtet der Kegel → S. 39

★ Copacabana
Rios Vorzeige-Beach: der berühmteste Strand der Welt → S. 40

★ Confeitaria Colombo
Belle Époque in Brasilien: Rios prachtvolles Kaffeehaus → S. 39

★ Parque do Ibirapuera
Treffpunkt der Jogger und kulturelles Herz von São Paulo → S. 48

★ Pinacoteca do Estado de São Paulo
Aufregende Moderne: zeitgenössische brasilianische Kunst vom Feinsten

★ Institu[illegible]otim
In Brumadinho gibt's Kunst im botanischen Garten → S. 36

★ Minas Gerais
Beschauliche Barockstädtchen in den Bergen mit überbordend verzierten Kirchen → S. 109

AUSKUNFT

BELOTOUR

Die städtische Tourismusbehörde hat Nebenstellen z. B. an den Flughäfen, in Savassi und an der Praça da Liberdade im Mercado Central. Hauptstelle: *Mo–Fr 8–18 Uhr | Rua Pernambuco 282 | Funcionários | www.belohorizonte.mg.gov.br*

ZIEL IN DER UMGEBUNG

INSTITUTO INHOTIM ★

(143 E2–3) *(🕮 H5–6)*

Die Sammlung zeitgenössischer Kunst des brasilianischen Magnaten Bernardo Paz präsentiert in einem riesigen botanischen Garten in Brumadinho Skulpturen, Installationen, Videos, Fotos. Planen Sie zwei Tage ein für das Open-Air-Museum mit Werken von über 100 Künstlern aus aller Welt. Im Park gibt's mehrere gute Restaurants. *Di–Fr 9.30–16.30, Sa/So 9.30–17.30 Uhr | 30 R$ | www.inhotim.org.br | 63 km entfernt | Bus nach Brumadinho ab Rodoviária*

Es lohnt sich, in der Nähe zu übernachten. Einen tollen Blick auf die Berge genießen Sie im *Vista da Serra (26 Zi. | Av. Casa Branca 348 | Tel. 031 35 75 32 66 | www.vistadaserra.com.br | €€).*

RIO DE JANEIRO

KARTE IM HINTEREN UMSCHLAG

(147 E3) *(🕮 H6)* **Rio, eine der schönsten Städte der Welt, ist begünstigt von der Natur wie kaum eine andere: die Kegel der Berge, deren Hänge mit Urwald bewachsen sind, die Bucht mit verstreuten Inseln, die Wellen, die sich an den Sandstränden brechen, und über allem das Blau des Himmels.**

> **CITY WOHIN ZUERST?**
>
> **Corcovado:** Verschaffen Sie sich einen ersten Überblick von der Aussichtsterasse zu Füßen der Christusstatue. Fahren Sie per Bus oder Metro zum Largo do Machado. Hier nehmen Sie den Bus Nr. 422 oder 498 und steigen an der Kirche São Judas Tadeu aus, wenige Meter von der Station der Zahnradbahn an der Rua Cosme Velho entfernt.

Zur Schönheit des Ortes kommt die Sinnlichkeit der Menschen, der Körperkult, den sie betreiben – ein tägliches Schauspiel an den Stränden. Die *cidade maravilhosa*, die „wunderbare Stadt", ist die Stadt der schönen Aus- und Ansichten, die sich am besten zu Fuß erschließen. Trotz der rund 6 Mio. Einwohner – im Großraum Rio sind es über 12 Mio. – bewegen sich die meisten Besucher in einem überschaubaren Gebiet zwischen dem Zentrum mit seinen historischen Bauten und der *Zona Sul* mit ihren Stränden. Lassen Sie sich ein auf den Rhythmus der Stadt und ihrer lässigen Einwohner, der *cariocas*, und lassen Sie Ihre Wertsachen zu Hause.

Fast 200 Jahre (1763–1960) war Rio de Janeiro die Hauptstadt Brasiliens und ab 1808 Zentrum des portugiesischen Kolonialreichs. Damals flüchtete Dom João VI. mit Hofstaat vor Napoleon nach Brasilien. Außer den Regierungsgebäuden und Wohnpalästen wurden Theater und Bibliotheken gebaut, der Botanische Garten angelegt und die Banco do Brasil gegründet. Sein Sohn Dom Pedro I. erklärte 1822 die Unabhängigkeit Brasiliens, und Rio de Janeiro wurde zur prosperierenden Kaiserstadt mit Bahnhöfen und Straßenbahnen, Straßenbeleuchtung und Schulen. Als 1889, ein Jahr nach Ab-

Besuch bei Rios Wahrzeichen, der Christusstatue auf dem Corcovado

schaffung der Sklaverei, die Republik ausgerufen wurde, hatte Rio 500 000 Einwohner. 20 Jahre später hatte sich diese Zahl verdoppelt. Eine Ursache dafür war der Zuzug mittelloser Menschen aus dem Nordosten, die sich auf den schwer zugänglichen Hügeln ansiedelten, die sie *favelas* nannten. Ihre Musik und Kultur brachten sie mit – daraus wurde die Heimat der Sambaschulen.

Die sogenannten Pazifizierungskommandos der Polizei haben vorübergehend zu einer Befriedung der Favelas geführt. Die Sicherheit ist aber inzwischen vielerorts nicht mehr gewährleistet. Einen Besuch kann man nur begleitet empfehlen. Eine der wenigen Favelas, die noch als sicher gelten, ist *Morro Dona Marta* in Botafogo. Zum höchsten Punkt des *Complexo do Alemão* führt eine INSIDER TIPP Seilbahn von Bonsucesso – von ihr haben Sie einen tollen Überblick. Bitte vorher erkundigen (im Hotel oder an der Bodenstation der Seilbahn), wie die Lage zum Besuchszeitpunkt ist!

SEHENSWERTES

CIDADE DO SAMBA (0) (*0*)

In den Hallen in Hafennähe sind die wichtigsten Sambaschulen untergebracht. Hier können Sie zuschauen, wie die Allegoriewagen gebaut und die Karnevalskostüme geschneidert werden. Erkundigen Sie sich vorher nach Programm und Zeiten! *Rua Rivadávia Correia 60 | Centro | www.cidadedosambarj.com.br*

CORCOVADO ★ (0) (*0*)

Dort, wo Christus seine Arme über Rio de Janeiro ausbreitet, hat man den wohl schönsten Blick über die Guanabara-Bucht. 710 m über dem Meeresspiegel zu Füßen der 38 m hohen Art-déco-Statue sieht man Rio in seiner gesamten Ausdehnung: zur Linken das Zentrum und die Vorstädte, zur Rechten die Zona Sul und Barra und in Blickrichtung des Christus den Zuckerhut. Von Cosme Velho geht's mit der Zahnradbahn über 3 km bis zum Gipfel. *Tgl. 8.30–18.30 Uhr,* *alle 30 Min. | 68 R$, Tickets auch bei Riotur (Shopping Riosul oder an der Praça Mauá) | Rua Cosme Velho 513 | Tel. 021 25 58 13 29 | www.corcovado.com.br*

JARDIM BOTÂNICO (O) *(🗺 O)*
Über 6000 tropische Pflanzen- und 150 Vogelarten sind in dem von Dom João angelegten botanischen Garten zu finden. Besonders schön sind die 30 m hohe Königspalmenallee, der See mit den Amazonas-Seerosen und das Orchideen- und Bromelienhaus. *Tgl. 8–17 Uhr | 10 R$ | Rua Jardim Botânico 1008 | www.jbrj.gov.br*

Herrliche Parkanlage: Rios Botanischer Garten

PRAÇA MAUÁ (O) *(🗺 O)*
Neues Zentrum am alten Hafen: Genießen Sie den Blick vom Dach des *Museu de Arte do Rio (MAR)* auf den Hafen, dann schlendern Sie durch die Austellungen vier Stockwerke nach unten und hinüber zum *Museu do Amanhã*. Wie ein überdimensionaler Saurier liegt das Gebäude an der Bucht, gezeigt werden naturwissenschaftliche Ausstellungen *(beide Di–So 10–17 | 10 R$, Di Eintritt frei)*.

SANTA TERESA ★ (U D6) *(🗺 d6)*
Bis 2011 fuhr das *bondinho*, die klapprige Straßenbahn, vom Zentrum über den Viadukt Arcos da Lapa ins Künstlerviertel Santa Teresa. Seit 2015 ist eine neue Bahn im Einsatz *(alle 15 Min. ab Largo da Carioca)*. Rund um den Largo dos Guimarães liegen Kunsthandwerksläden, Galerien, Boutiquen. Bis hierher fährt auch wieder die Straßenbahn aus dem Zentrum. Die Kneipen an der Rua Almirante Alexandrino sind eher urig als schick, wie die *Adega do Pimenta (Nr. 296 | €)* mit Gulasch und Wurst oder die *Bar do Arnaudo (Nr. 316 | €)* mit Nordostküche. Im *Armazém São Thiago (Rua Áurea 26)* sind das *chopp* (Bier) kalt und die frittierten Fleisch- oder Fischbällchen heiß und knusprig. Ganz in der Nähe liegt das *Aprazível (Rua Aprazível 62 | €€€)*, ein Restaurant mit schönem Blick. Im INSIDER TIPP *Museu da Chácara do Céu (Mi–So 12–17 Uhr | 2 R$ | Rua Murtinho Nobre 93 | www.museuscastromaya.com.br)* können Sie u. a. Stiche Reisender des 19. Jhs. sehen. Einen tollen Blick haben Sie vom ● INSIDER TIPP *Mirante Dona Marta*. Gehen Sie dazu die Rua Almirante Alexandrino weiter hinauf bis zur Straße, die zur Christus-Statue führt. An der Estrada das Paineiras zeigt ein Schild den Abzweig zur Aussichtsplattform an. Hier haben Sie den Christus im Rücken, den Zuckerhut vor der Nase, die Stadt mit

dem Maracanã-Stadion zum Greifen nah. Zum Abstieg aus Santa Teresa: Die 250 Stufen der mit farbigen Kacheln gepflasterten *Escaderia Seleron* führen nach Lapa zur Rua Joaquim Silva. Stärken Sie sich in der altertümlichen *Adega Flor de Coimbra (So-Abend geschl. | Rua Teotônio Regadas 34 | Lapa | Tel. 021 22 24 91 38 | €)*, bevor Sie sich ins Nachtleben von Lapa stürzen.

ZENTRUM

Die *Av. Rio Branco* (U D3–E5) *(d3–e5)* verläuft von der Enseada da Glória Richtung Norden bis zur Praça Mauá. Entlang dieser Prachtstraße liegen die *Nationalbibliothek (Av. Rio Branco 219)*, das mit der Kunstsammlung des portugiesischen Hofes begonnene Kunstmuseum *Museu Nacional de Belas Artes (Di–Fr 10–18, Sa/So 12–17 Uhr | 8 R$ | Av. Rio Branco 199)* und gegenüber das von der Pariser Oper inspirierte *Theatro Municipal*. Im Norden kreuzt die Av. Getúlio Vargas die Av. Rio Branco. Das gesamte Gebiet rund um diese beiden Achsen ist in den letzten Jahren saniert worden. In der Nähe des Largo da Carioca liegen die *Igreja São Francisco da Penitência (Di–Fr 9–12, 13–16 Uhr)* mit ihrem prunkvoll vergoldeten Barockaltar und, etwas versetzt, das traditionsreiche Jugendstil-Kaffeehaus ★ *Confeitaria Colombo (So geschl. | Rua Gonçalves Dias 32/36)*. Hier wird Rios Belle Epoque lebendig: mit Spiegeln, Jugendstillampen und Kaffeehaustischen. Östlich der Av. Rio Branco (zur Bucht hin) hat sich rund um die kolonialen Verwaltungsgebäude eine lebhafte Szene mit Straßenbars und Restaurants etabliert. Der weiße Palast *Paço Imperial* an der Praça XV. wurde mit Ankunft des portugiesischen Königshauses zum Regierungssitz. Hier steht auch die Kirche *Nossa Senhora do Carmo da Antiga Sé (Mo–Fr 7–16 Uhr | Rua 7 de Setembro 12)*

Die Schmucktreppe Escaderia Seleron führt nach Lapa

von 1761, in der die Kaiser Brasiliens gekrönt wurden. INSIDER TIPP Nach Büroschluss werden hier Tische auf die Straße gestellt, und die Cariocas treffen sich zu After-Work-Partys mit Bier und Samba, wie in der *Travessa do Comércio* oder im *Beco das Sardinhas (Rua Miguel Couto)* oberhalb der Av. Getúlio Vargas, südlich der Praça Mauá. In der zum Benediktinerkloster *Mosteiro de São Bento (tgl. 7–18 Uhr | Rua Dom Gerardo 68)* gehörenden Barockkirche (Baubeginn 1590) östlich der Praça Mauá tauchen Sie ein in den portugiesischen Geist vergangener Jahrhunderte.

ZUCKERHUT ★ (O) *(O)*

Der 396 m hohe Granitkegel des *Pão de Açúcar*, der an der Öffnung der Guanabara-Bucht aus dem Wasser ragt, ist das Wahrzeichen der Stadt. Der Blick von hier oben auf die Bucht und die Strände ist besonders schön, wenn die Sonne untergeht und die Lichter der Stadt zu funkeln beginnen. Von der Praia Vermelha geht es mit der ersten Seilbahn auf den 220 m hohen ● *Morro da Urca*, den Sie mit gutem Schuhwerk auch INSIDER TIPP zu Fuß erklimmen können (der Weg beginnt auf der gegenüberliegenden Seite der Kabinenbahn), und von dort mit der zweiten Seilbahn auf den Zuckerhut. *Tgl. 8–19.50 Uhr | 71 R$ | Av. Pasteur 520 | Urca | www.bondinho.com.br*

STRÄNDE

Die der Bucht zugewandten *Praias de Flamengo* und *de Botafogo* sind leider ziemlich verschmutzt. An den zum Atlantik geöffneten Stränden ist das Wasser sauberer und die Strömung stärker. Ab *Leme (Posto 1)* beginnt die Markierung der Strandabschnitte, die jeder einen eigenen Charakter haben. Familiär-ruhig ist es am Posto 1, wo *Vitor & Waguinho* eine Strandbar betreiben. Wer möchte, kann mit ihnen einen Gang durch die nahe Favela *Chapeu Mangueira* und das Wiederaufforstungsprojekt dort vereinbaren (inkl. Feijoada und Caipirinha).
Der berühmte Strand von ● ★ *Copacabana* hat einen breiten Sandstreifen, der gern von Touristen und flirtbereiten Mädchen besucht wird. Unterhalb des Forts liegen Fischerboote, Rentner treffen sich am *Posto 6* zum Schachspielen. Um die Ecke liegt die *Praia do Arpoador,* wo Sie den Sonnenuntergang hinter den Felsen der *Dois Irmãos* am Ende von Leblon beobachten können. Am *Posto 9* in ● *Ipanema* treffen sich die Jungen und Schönen, am liebsten bei *Milton*. In *Leblon* verabreden sich die Familien am Baby-Point. An der *Praia de São Conrado* (zu erreichen durch den Tunnel) landen die Drachenflieger. Danach beginnt die *Praia da Barra,* ein langer Sandstrand, in dessen Hinterland ein moderner Stadtteil entstanden ist. Hier liegen auch die meisten olympischen Sportstätten. Ab Recreio dos Bandeirantes führt eine schmale Küstenstraße zu INSIDER TIPP Rios schönsten

Der Strand von Ipanema ist Treffpunkt für Rios Jeunesse dorée

Stränden *Grumari* und *Prainha* mit sauberem Wasser, starker Brandung und Küstenregenwald. Stehen Sie früh auf, denn sonst sind alle Parkplätze besetzt!

ESSEN & TRINKEN

ACADEMIA DA CACHAÇA (0) (*🗺 0*)
Über 100 Sorten Zuckerrohrschnaps und die besten Caipirinhas der Stadt. *Tgl. ab 12 Uhr | Rua Conde de Bernadotte 26 | Leblon | Tel. 021 25 29 26 80*

ADEGA PEROLA (U B2) (*🗺 b2*)
Der Stolz der portugiesischstämmigen Besitzer der Tapasbar sind die Köstlichkeiten, die im Glastresen ausgestellt sind. *So geschl. | Rua Siqueira Campos 138a | Copacabana | Tel. 021 22 55 94 25 | €–€€*

INSIDER TIPP **AZUMI** (U D1) (*🗺 d1*)
Tolles japanisches Restaurant in Copacabana: ohne Schnörkel, faire Preise. Hierher kommen auch Japaner. *Mo geschl., nur abends | Rua Ministro Viveiros de Castro 127 | Tel. 021 25 41 42 94 | €€*

BAR LAGOA (0) (*🗺 0*)
Das beste Chopp Rios, schöner Blick auf die Lagune; auf der Karte stehen u. a. Kasseler und Tatar. *Mo geschl. | Av. Epitácio Pessoa 1674 | Lagoa | Tel. 021 25 23 11 35 | €€*

BAR LUIZ (U D4) (*🗺 d4*)
Die Zeit scheint stehen geblieben in der Bar von 1881, die seit 80 Jahren an dieser Adresse existiert und berühmt für ihren Kartoffelsalat und das dunkle Bier vom Fass ist. *So geschl. | Rua da Carioca 39 | Centro | Tel. 021 22 62 60 00 | €–€€*

INSIDER TIPP **BAR E RESTAURANTE URCA** (0) (*🗺 0*)
Am Wochenende bekommt man gebratene Sardinen auf dem gegenüberliegenden Mäuerchen serviert. Wer richtig essen möchte, besucht das Restaurant im 1. Stock. *Tgl. | Rua Cândido Gaffrée 205 | Urca | Tel. 021 22 95 87 44 | €–€€*

BIBI SUCOS (U A4) (*🗺 a4*)
Der „Saftladen" Rios: Hier haben Sie Wahl unter rund 50 verschiedenen Saftkombinationen und Sandwiches. *Mehrere Filialen in der Zona Sul, z. B. Rua Miguel Lemos 31 | Copacabana | €*

INSIDER TIPP **CERVANTES** (U D1) (*🗺 d1*)
Hier essen Sie die besten Sandwiches der Stadt im Stehen: Rinder- oder Schweinefilet mit Ananas auf Brötchen. *Mo geschl. | Av. Prado do Júnior 335 | Copacabana | Tel. 021 22 75 61 47 | €*

CT BOUCHERIE (0) (*🗺 0*)
Im Fleischtempel von Claude Troisgros suchen Sie Ihr Stück aus, die Kellner bringen die Beilagen im Rodízioprinzip. *Tgl. | Rua Dias Ferreira 636 | Leblon | Tel. 021 25 29 23 29 | €€€*

DELÍRIO TROPICAL (0) (*🗺 0*)
Leichte Küche, appetitlich und flott. Sie wählen einen oder mehrere Salate und/oder Hauptspeisen (10x in Rio). *Tgl., So nur bis 19 Uhr | Rua Garcia Dávila 48 | Ipanema | Tel. 021 36 24 81 64 | €–€€*

FILÉ DE OURO (0) (*🗺 0*)
Hier gibt es den Klassiker *Filé Osvaldo Aranha:* Rinderfilet mit geröstetem Knoblauch und Kartoffelchips. *Mo geschl. | Rua Jardim Botânico 731 | Lapa | Tel. 021 22 59 23 96 | €€*

FOGO DE CHÃO (0) (*🗺 0*)
Das beste Rodízio von Rio mit Blick auf den Zuckerhut und die Bucht, am besten zum späten Mttagessen. *Tgl. | Av. Repórter Nestor Moreira 12 | Botafogo | Tel. 021 25 42 15 45 | €€€*

JOBI ● (0) *(🕮 0)*
Einen Platz in diesem winzig kleinen Boteco an der Hauptstraße in Leblon zu ergattern ist nicht einfach. Das Chopp kann man auch draußen trinken, aber die Feijoada lohnt sich! *Tgl. | Av. Ataulfo Paiva 1166 | Leblon | Tel. 021 22 74 05 47* | €€

Für Kletterfreaks hat Rio Routen mit sensationell schönen Ausblicken zu bieten

NOVA CAPELA (U C5) *(🕮 c5)*
Das Traditionsrestaurant in Lapa hat bis spät in die Nacht geöffnet. Die Spezialität des Hauses ist Zicklein mit Brokkolireis. *Tgl. | Av. Mem de Sá 96 | Lapa | Tel. 021 22 52 62 28* | €

VEGANA CHÁCARA (0) *(🕮 0)*
Eines der wenigen veganen Restaurants liegt entspannt am Ende einer Sackgasse in einem Kolonialhaus. *Nur Mo–Fr, nur mittags | Rua Hans Staden 30 | Botafogo | Tel. 021 9 85 99 70 78* | €

EINKAUFEN

Schick bummeln Sie in Ipanema *(Rua Visconde de Pirajá, Rua Garcia d'Avila)* und Leblon *(Rua Dias Ferreira)*, wo die meisten brasilianischen Topmarken eine Filiale haben. Die meisten Shoppingcenter öffnen auch am Sonntag. Zentral liegt das betagte *Riosul (Rua Lauro Sodré 446)* in Botafogo, schöner sind *Shopping Leblon (Av. Afrânio de Melo Franco 290)* oder *Rio Design Leblon (Av. Ataulfo de Paiva 270)* im gleichnamigen Stadtteil. Im Stadtteil Saara tummeln sich die Menschen, um Schnäppchen zu ergattern. Samstags sind die Läden nur bis 14 Uhr geöffnet. Jeden ersten Samstag im Monat gibt es den **INSIDER TIPP** *Flohmarkt Rio Antigo* in der Rua do Lavradio im Stadtteil Lapa: Antiquitäten, Mode, Musik – die Restaurants stellen Tische auf die Straße, an mehreren Stellen spielen Musikgruppen.

FREIZEIT & SPORT

BEACHVOLLEYBALL
Überall an Rios Stränden wird Volleyball oder *futevolley*, eine anspruchsvolle Mi-

schung aus Fuß- und Volleyball, gespielt. Wer mitmachen möchte, fragt einfach bei einem der Trainer, die ihre Schilder aufgestellt haben, nach.

BEAUTY ●

Ein Beautysalon der gehobenen Art ist *Care Body & Soul* in Ipanema – eine wahre Wohlfühloase, die aber auch ihren Preis hat. *Rua Barão de Jaguaribe 289 | Ipanema | Tel. 021 38 13 05 60 | www.salaocare.com.br*

FAHRRAD FAHREN

Dank der Großereignisse gibt es jetzt in Rio ca. 200 km Radwege. Am schönsten ist es, entlang der Strände oder um die Lagoa zu radeln. Fahrräder können Sie an vielen Stellen ausleihen, gleich mehrere Filialen in Copacabana hat *Pedala Rio (Tel. 021 40 62 00 96)*.

FUSSBALL

Ein Spiel im Maracanã-Stadion (79 000 Plätze), wo die deutsche Mannschaft im Endspiel der WM 2014 Weltmeister wurde, ist ein unvergessliches Erlebnis. Die Fanclubs bevölkern bereits Stunden vor dem Anpfiff die Tribünen und trommeln sich in Fahrt. Die Tickets bekommt man am Schalter *(30–70 R$)*, falls ausverkauft ist, mit Aufschlag bei einem *cambista*, einem ambulanten Kartenverkäufer. *Rua Prof. Eurico Rabelo s/n | U-Bahn Maracanã*

KLETTERN

Das erste Ziel ist meist der Zuckerhut, dann der Corcovado: Beides ist grandios, mit atemberaubenden Ausblicken. Über 100 Wege führen nach oben, die einfachsten schaffen auch normal Sportliche ohne Klettererfahrung (mit Bergführer). Touren buchen Sie über die *Companhia da Escalada (Tel. 021 25 67 71 05 | www.companhiadaescalada.com.br)* oder bei *Rio Adventures (Tel. 021 27 05 57 47 | www.rioadventures.com)*.

PARAGLIDING

Vom Pedra Bonito schwebt man bei einem 15-min. Tandemflug zum Strand im Stadtteil São Conrado hinab, z. B. mit Konrad Heilmann *(125 US$ | Tel. 021 24 22 24 11 | www.airadventures.net)* oder Paulo Celani *(Tel. 021 22 68 05 65 | www.justfly.com.br)*.

TANZEN

Samba kann man lernen in der schön altertümlichen *Casa de Dança* des Tanzlehrers Carlinhos de Jesus. *Rua Alvaro Ramos 11 | Botafogo | Tel. 021 25 41 61 86 | www.carlinhosdejesus.com.br*

LOW BUDG€T

Billig sind *Favela Hostels* in befriedeten Favelas, wie z. B. *The Maze Inn (8 Zi. | Rua Tavares Bastos 414 | Catete | Tel. 021 25 58 55 47 | www.jazzrio.com)* des britischen Journalisten Bob Nadkarni. Fr-abends Jazz-Jamsession.

In Ipanema liegt die familiäre *Margaridas Pousada (11 Zi. | Rua Barão da Torre 600 | Tel. 021 22 39 18 40 | www.margaridaspousada.com)*. Die Zimmer sind einfach, der Service ist gut – der Preis unschlagbar.

Lernen Sie die Stadt kennen mit jungen Leuten und kleinen Preisen: in Rio z. B. das Bohemeviertel Lapa *(Do–Sa | drei Bars, ein Club, Caipi und Samba inkl. für 60 R$ | www.freewalkerstours.com)*, in São Paulo die Rua Augusta *(Fr)* oder Vila Madalena *(Sa | www.pubcrawlssp.com)*.

Beliebte Adresse im Stadtteil Lapa: Musiklocation Rio Scenarium

AM ABEND

Circo Voador in Lapa, *Canecão* in Botafogo und *Vivo Rio* im Zentrum sind die wichtigsten Show-Locations für Samba, Pagode und Chorinho *www.sambachoro.com.br*. Wer keine Livemusik will, geht ins *boteco,* die Eckkneipe. Der Boom im Bohemeviertel Lapa hält an, dazugekommen sind die Bars im Zentrum und der Hafengegend.

INSIDER TIPP **CARIOCA DA GEMA** (U C5) (*c5*)

In diesem zweistöckigen Kolonialhaus werden jede Nacht Samba und Choro gespielt. *Tgl. ab 19 Uhr | Av. Mem de Sá 79 | Lapa | Tel. 021 22 21 00 43*

INSIDER TIPP **COMUNA DO SEMENTE** (U D6) (*d6*)

An den Arcos da Lapa liegt diese gemütliche Kneipe, in der Samba und Choro vom Feinsten gespielt wird. *Tgl. ab 20 Uhr | Rua Joaquim Silva 138 | Lapa | Tel. 021 25 09 35 91*

ESTUDANTINA (U C4) (*c4*)

Auch wenn Sie selbst nicht tanzen wollen: Es gibt viel zu hören und zu sehen in Rios ältestem Gafieira-Tanzschuppen mit Orchester. *Mi–Sa ab 22 Uhr | Praça Tiradentes 79 | Centro | Tel. 021 22 32 11 49*

FEIRA DE SÃO CRISTÓVÃO (O) (*O*)

Der Markt der Nordestinos hat seinen alten Charme behalten: Die Stände mit Waren aus dem Nordosten und die Grillrestaurants liegen in einem offenen Stadion. Auf den Bühnen spielen Forrógruppen bis in den frühen Morgen. *Fr 10–So 22 Uhr | Pavilhão de São Cristóvão*

RIO SCENARIUM (U C5) (*c5*)

Die „Kulturfabrik" mit Antiquitäten und vielfältigem Livemusikprogramm ist eine Institution in Lapa. *Mo geschl. | Rua do Lavrádio 36 | Lapa | Tel. 021 31 47 90 00*

INSIDER TIPP **SAMBA DA OUVIDOR** (U E3) (*e3*)

Eine der besten Samba-Rodas der Stadt gibt es an jedem ersten und dritten

Samstag (ab ca. 16 Uhr, aber nicht bei Regen) an der Ecke Rua do Mercado und Rua do Ouvidor im Zentrum. Repertoire und Qualität der Musiker sind vom Feinsten.

INSIDER TIPP **TRAPICHE GAMBOA**
(0) *(0)*
Das blaue Kolonialhaus in Hafennähe ist der Treff der Sambakenner: Bier, *cachaça* und gutes Essen. *Rua Sacadura Cabral 155 | Gamboa | Tel. 021 25 16 08 68*

TRIBOZ (U D6) *(d6)*
Jazz und moderne Musik im Bohemeviertel Lapa. In dem brasilianisch-australischen Kulturzentrum treffen sich Musiker, Künstler und Intellektuelle zu Konzerten und Workshops. *Rua Conde de Lages 19 | Lapa | Tel. 021 22 10 03 66*

ÜBERNACHTEN

Übernachten in Rio ist ein teures Vergnügen. Sie müssen sich entscheiden: Fußnähe zum Strand bieten die großen (und teuren) Hotels der Zona Sul, charmante Unterkünfte für jeden Geldbeutel gibt's im Künstlerviertel Santa Teresa in Zentrumsnähe. Nur wenige Blocks vom Strand entfernt wird es günstiger.

ACAPULCO COPACABANA
(U E1) *(e1)*
Hübsche Zimmer in ruhiger Lage, nur wenige Schritte zur Strandpromenade. *122 Zi. | Rua Gustavo Sampaio 854 | Praia do Leme | Tel. 021 30 77 20 00 | www.acapulcohotel.com.br* | €€

BEST WESTERN SOL IPANEMA
(0) *(0)*
Modernes Haus, und die Lage am Strand von Ipanema ist einfach großartig. *90 Zi. | Av. Vieira Souto 320 | Ipanema | Tel. 021 25 25 20 20 | www.solipanema.com.br* | €€€

INSIDER TIPP **CASA KAMAYURÁ**
(0) *(0)*
Verstecktes Gästehaus eines deutschen Journalisten in Santa Teresa. Vom Gastgeber erfährt man viel Wissenswertes über den Alltag in Rio. *4 Zi. | Rua Alm. Alexandrino 2719 | Tel. 021 32 58 89 10 | www.casakamayura.com* | €

MAMA RUISA (0) *(0)*
Ein Kleinod! Geschmackvolle Einrichtung in einem Kolonialhaus mit traumhaftem Blick auf den Zuckerhut. *8 Zi. | Rua Sta. Cristina 122 | Santa Teresa | Tel. 021 22 42 12 81* | €€–€€€

DIE SEELE DER STADT

Diesem mal leichten, mal bombastischen Rhythmus der Stadt kommen Sie näher bei einem abendlichen Besuch im Bohemeviertel Lapa oder in den Sambaschulen. Von August bis Karneval veranstalten die großen Schulen ihre Proben in den *quadras* genannten Vereinshäusern. Jeden Samstag ab 22 Uhr spielen die Trommler ohrenbetäubenden Samba de Enredo, während das Publikum tanzt. Gut mit dem Taxi zu erreichen ist die in der Nähe des Maracanã gelegenene *Escola de Samba da Mangueira (Sa ab 21 Uhr | Rua Visconde de Niterói 1072 | Tel. 021 38 72 67 86)*. Jeden 2. Sa können Sie hier Feijoada essen und Samba de Pagode erleben *(15 R$ Eintritt, 15 R$ Feijoada)*.

MAR PALACE (U B–C2) (*b–c2*)
Nur einen Block von der Copacabana, großzügige Zimmer. *103 Zi. | Av. N. S. de Copacabana 552 | Tel. 021 21321500 | www.hotelmarpalace.com.br* | €€

MIRAMAR BY WINDSOR
(U A5) (*a5*)
An der Strandpromenade der Copacabana, super Service. *200 Zi. | Av. Atlântica 3668 | Tel. 021 21956200* | €€–€€€

ZIELE IN DER UMGEBUNG

INSIDER TIPP **MUSEU CASA DO PONTAL**
(147 E3) (*H6*)
Die wunderschöne Lage des Museums im Grünen nahe des Prainha-Strandes, 40 km südwestlich der Stadt, und die liebevolle Zusammenstellung der über 5000 Stücke brasilianischen Kunsthandwerks lassen die Großstadthektik schnell vergessen. *Di–So 9–17.30 Uhr | 10 R$ | Estrada do Pontal 3295 | Recreio dos Bandeirantes*

Die Buchten beim Strandort Búzios sind auch für Taucher lohnende Reviere

SANTA TERESA HOTEL (0) (*0*)
Gönnen Sie sich mal was Besonderes: schöne Zimmer und vom Pool der Blick aufs Zentrum. *41 Zi. | Rua Almirante Alexandrino 660 | Santa Teresa | Tel. 021 33800200 | www.santa-teresa-hotel.com* | €€€

AUSKUNFT

RIOTUR (U E4) (*e4*)
Praça Pio X 119/Praça Mauá | www.guiadorio.com.br | www.ipanema.com | www.visitrio.com | www.orlario.com.br

PETRÓPOLIS (147 E2) (*H6*)
Das kühle Klima und die tropische Vegetation der Berge begeisterten schon die portugiesische Kaiserfamilie: 70 km von Rio entfernt errichtete sie ihre Sommerresidenz, in deren Umfeld viele Villen entstanden. Heute ist Petrópolis eine belebte Stadt mit ca. 300 000 Einwohnern, deren Hauptattraktion der Kaiserpalast ist. In den Sälen des neoklassizistischen Gebäudes des *Museu Imperial*

(Di–So 11–17.30 Uhr | 10 R$ | Rua da Imperatriz 220) wird die vergangene Epoche lebendig. In der neogotischen Kathedrale *São Pedro de Alcântara (Rua São Pedro de Alcântara 60)* liegt die Kaiserfamilie begraben. Das Haus, in dem der Schriftsteller Stefan Zweig zusammen mit seiner Frau bis zum gemeinsamen Tod 1942 lebte *(Fr–So 11–17 Uhr | Rua Gonçalves Dias 34)*, liegt 4 km außerhalb.

REGIÃO DOS LAGOS (147 F3) *(🕮 J6)*
Region der Seen heißt das 180 km östlich von Rio gelegene Gebiet mit den Badeorten *Arraial do Cabo*, *Cabo Frio* und *Armação dos Búzios*. Während *Arraial* mit kleinen Buchten und sauberem Wasser ideal zum Tauchen und ein Treff der jungen Leute ist, kommen nach *Cabo Frio* mit den langen Stränden viele Familien. *Búzios,* der Nobelstrandort der Schickeria, hat viele Strandbuchten; die Favoriten: *Azeda, Azedinha* und *Ferradurinha,* alle nur zu Fuß zu erreichen. Fisch bekommen Sie in der *Bar dos Pescadores (tgl. | Manguinhos | €€)*. Übernachten Sie oberhalb des Dorfes in der *Pousada Abracadabra (16 Zi. | Morro do Humaitá 13 | Tel. 022 26 23 12 17 | www.pousadaabracadabra.com.br | €€)* mit tollem Blick auf die Bucht oder in der günstigen *Vila Pitanga (10 Zi. | Rua G4 6 | Ferradura | Tel. 022 26 23 77 21 | www pousadavilapitanga.com.br | €)*.

INSIDER TIPP **VALE DO CAFÉ**
(147 E2) *(🕮 H6)*
Einem Ausflug in die Vergangenheit kommt die Fahrt ins 120 km westlich von Rio liegende Tal des Rio Paraíba gleich, zu dem die Orte *Volta Redonda, Barra do Piraí, Vassouras* und *Paraíba do Sul* gehören. Einige der Herrenhäuser der Kaffeebarone *(fazendas)* sind zu besichtigen. Eine Übersicht über historische Fazendas gibt *www.portalvaledocafe.com.br*.

SÃO PAULO

(146 C3) *(🕮 H6)* **São Paulo, das ist Brasiliens Stadt der Superlative, eine Stadt, die im Sekundentakt produziert, handelt, wächst und verdreckt.**
Ein Drittel des Bruttoinlandsprodukts wird in São Paulo (11 Mio. Ew., 20 Mio. im Großraum) erwirtschaftet, das wegen der mehr als 1000 Firmen deutschen Ursprungs als größte „deutsche" Industriestadt gilt. São Paulo ist mit seinem Hochhausmeer und den immer vollen Straßen nicht schön, aber großartig: das pulsierende Leben, das tolerante Miteinander, das kulturelle Angebot mit rund 120 Theatern, 300 Kinos und 70 Museen, mit Ausstellungen, Konzerten, Shows. Nirgends in Brasilien können Sie so gut und abwechslungsreich essen wie in São Paulo. Rund 12 500 Restaurants bieten alles: Sushi im Stadtteil Liberdade, wo die größte japanische Gemeinde außerhalb Japans lebt, italienische Küche in Bela Vista oder saure Gurken auf dem Wochenmarkt in Sto. Amaro. Die ersten, die 1554 ins Hochtal des Paraíba zogen und eine Missionsstation gründeten, waren Mönche. 300 Jahre lang blieb São Paulo ein Dorf. Erst als Mitte des 18. Jhs. im Um-

> CITY **WOHIN ZUERST?**
> **Praça da Sé:** Am Platz der Kathedrale sind Sie mittendrin. Hier kreuzen sich die Metrolinien: die blaue Nord-Süd-Linie (Tucuruvi–Jabaquara) und die rote West-Ost-Verbindung (Palmeiras/Barra Funda–Corinthians/Itaquera). Sternförmig dazu verlaufen die grüne (Vila Madalena–Vila Prudente) und die gelbe Linie (Butantã–Luz). Ein Leihwagen ist eher störend.

land Kaffeeplantagen angelegt wurden, begann das rasante Wachstum. Deutsche Handwerker, libanesische Kaufleute, italienische Arbeiter, japanische Bauern, Spanier, Syrer, Litauer, Juden, Armenier, Chinesen und Koreaner: Brasilien wurde für sie zum Land der Zukunft.

SEHENSWERTES

MUSEU DE ARTE SÃO PAULO

Das *MASP* gilt als eins der wichtigsten Kunstmuseen Lateinamerikas. In dem von Lina BoBardi entworfene Gebäude an der Bankenmeile Paulista sind Werke von Cranach bis Picasso ausgestellt. *Di–So 11–18 Uhr | 25 R$, Di Eintritt frei | Av. Paulista 1578 | Cerqueira César*

MUSEU DO FUTEBOL

Einblicke in die Geschichte einer nationalen Leidenschaft bekommen Sie im Fußballmuseum unter der Tribüne des Pacaembu-Stadions, der Heimat der Corinthians. *Di–So 9–18 Uhr | 10 R$, Do und So Eintritt frei | Praça Ch. Miller | www.museudofutebol.org.br*

PARQUE DO IBIRAPUERA ★

Der 160 ha große Park ist für die Paulistanos so etwas wie der Central Park für die New Yorker. Hier joggen Manager, skaten Jugendliche, trifft man sich am Wochenende. In dem von Burle Marx 1954 angelegten Garten gibt's Sportanlagen, Museen, ein Planetarium und Bühnen. Alle zwei Jahre beherbergt das von Oscar Niemeyer entworfene *Museu de Arte Moderna (Di–So 10–18 Uhr | 6 R$ | Av. Pedro Alvares Cabral | Portão 3 | www.mam.org.br)* die Biennale, eine der bedeutendsten Schauen moderner Kunst. Gegenüber liegt das *Museu de Arte Contemporânea (Di 10–21, Mi–So 10–18 Uhr | Eintritt frei | Av. Pedro Alvares Cabral 1301)* mit Kunst des 20. Jhs. Sonntagvormittags gibt's meist INSIDER TIPP kostenlose Open-Air-Konzerte.

PINACOTECA DO ESTADO DE SÃO PAULO ★

Der Schwerpunkt der aufregenden Sammlung liegt auf der modernen brasilianischen Malerei mit Künstlern wie Candido Portinari, Emiliano Di Cavalcanti und Tarsila Amaral. Hübsches Café. *Di–So 10–17.30 Uhr | 10 R$ | Praça da Luz 2*

ZENTRUM

Im Dreieck der Praça da Sé mit der Kathedrale, dem Benediktinerkloster São Bento, aus dessen Kirche morgens gregorianische Gesänge schallen, und der Praça da República liegt das alte Zentrum mit Banken, Börse und Bürohochhäusern wie dem rosafarbenen *Martinelli-Gebäude (Av. São Jõao 33)*, dem ersten Hochhaus der Stadt, und dem *Edifício Altino Arantes (Rua João Bricola 24)* mit atemberaubender Aussicht aus 160 m Höhe *(Mo–Fr 10–15 Uhr | Eintritt frei | Fahrstuhl zum 32. St., dann zwei Treppen).* Geschäftsleute, fliegende Händler, Sekretärinnen, Motorradkuriere – hier spüren Sie den Rhythmus der Stadt. Der *Viaduto do Chá* führt über das Vale do Anhangabaú zur anderen Seite, wo das *Theatro Municipal (Praça Ramos de Azevedo)* liegt. Stärken Sie sich mit einem Sandwich *Bauru,* einem Brötchen mit Käse, Roastbeef und Tomate vom *Ponto Chic* am Largo do Paissandú. Genießen Sie den Blick übers Hochhausmeer in der plüschigen *Bar des Edifício Itália (tgl. | Av. Ipiranga 344)*.

ESSEN & TRINKEN

A FIGUEIRA RUBAYAT

Eins der schönsten Restaurants der Stadt: Man sitzt unterm Glasdach im Schatten einer Feige und genießt die mediterrane

Küche. *Tgl. | Rua Haddock Lobo 1738 | Jardins | Tel. 011 30 87 13 99 |* €€€

BAR DA DONA ONÇA
Im geschwungenen Copan-Gebäude liegt diese typische Bar mit Alltagsküche. *So-Abend geschl. | Av. Ipiranga 200 | Centro | Tel. 011 32 57 20 16 |* €€

INSIDER TIPP BRASIL A GOSTO
Die junge Küchenchefin brachte von Reisen durch ganz Brasilien Ingredienzen und Rezeptideen für ihre Kreationen mit. Unglaublich gut der Nachspeisenteller! *So-Abend und Mo geschl. | Rua Prof. Azevedo do Amaral 70 | Jardim Paulista | Tel. 011 30 86 35 65 |* €€€

GOSHALA
Indisch angehauchte vegetarische Küche mit brasilianischen Akzenten. Probieren Sie die Moqueca mit Cashew-Früchten, -nüssen und Palmherzen. *Tgl., nur mittags | Rua dos Pinheiros 267 | Pinheiros | Tel. 011 30 63 03 67 |* €

SANTA GULA
Tropische Blumen, erdige Farben, lichtdurchflutete Patios – in diesem charmanten Restaurant können Sie brasilianische und italienische Küche genießen. *Tgl. | Rua Fidalga 340 | Vila Madalena | Tel. 011 30 31 72 24 |* €€

INSIDER TIPP SHIN ZUSHI
Sonntagabends sitzen hier fast nur Japaner; die Frauen mit Kindern am Tisch, die Herren an der Theke, wo die Fische glitzern. *So-Mittag und Mo geschl. | Rua Afonso de Freitas 169 | Paraíso | Tel. 011 38 89 87 00 |* €€–€€€

SPERANZA
Sonntagabend ist Pizza ein Muss in São Paulo, seit über 60 Jahren kommt die Margherita hier heiß und knusprig auf

Downtown São Paulo – Brasiliens umtriebiges Wirtschaftszentrum

Glitzerwelt: Shoppingcenter Iguatemi

den Tisch. *Tgl., nur abends | Rua 13 de Maio 1004 | Bela Vista | €*

SUSHI YASSU
Eher nüchtern wirkt das traditionelle Restaurant in Liberdade, sehr viele Japaner unter den Gästen. *Mo geschl. | Rua Tomás Gonzaga 98 | Tel. 011 32 02 66 22 | €€*

TARTAR & CO
Das beste Tatar in São Paulo gibt es in diesem modernen französischen Restaurant in Pinheiros. *So-Abend geschl. | Av. Pedroso de Morais 1003 | Tel. 011 30 31 10 20 | €€*

INSIDER TIPP TORDESILHAS
Regionale brasilianische Küche, lecker und fein präsentiert in schöner Einrichtung. *Mo und So–Abend geschl. | Alameda Tietê 489 | Cerqueira César | Tel. 011 31 07 74 44 | €€*

VENTO HARAGANO
Tolle Churrascaria mit Rodízio und super Fleisch. *Tgl. | Av. Rebouças 1001 | Cerqueira Cesar | Tel. 011 30 83 42 65 | €€€*

EINKAUFEN

FLOHMARKT IN PINHEIROS
Nach dem Bummel über den Markt trifft man sich in den umliegenden Bars. *Sa 9–19 Uhr | Praça Benedito Calixto*

MERCADO MUNICIPAL
Probieren Sie in den Markthallen aus den 1930er-Jahren das Mortadellasandwich der *Bar do Mané* oder das Stockfisch-Pastel der *Bar do Hocca*. *Tgl. 6–16 Uhr | Rua da Cantareira 306 | Parque D. Pedro*

SHOPPING IGUATEMI UND PÁTIO HIGIENÓPOLIS ●
Diese lichtdurchfluteten Einkaufszentren mit eleganten Geschäften, Kinos und Theatern, Restaurants und Cafés sind ein Erlebnis: Verkäuferinnen, schön wie Models, polierte Vitrinen, Marmor. *Av. Brigadeiro Faria Lima 2232 | Jardim Paulistano; Av. Higienópolis 618 | Higienópolis*

AM ABEND

INSIDER TIPP BAR BRAHMA
Draußen sitzen bei Bier, Würstchen und Samba. *Tgl. | Av. São João 677 | Centro | Tel. 011 33 33 08 55 | €*

BOURBON STREET MUSIC CLUB
Die beste Adresse für Blues- und Jazzliebhaber. *Di–So ab 21, Livekonzerte ab 23.30 Uhr | Rua dos Chanés 127 | Moema | Tel. 011 55 61 16 43*

INSIDER TIPP **Ó DO BOROGODÓ**
Die beste Bar für Samba in São Paulo. Sa-Nachmittag Feijoada und Samba. *Tgl., So–Fr erst ab 22 Uhr | Rua Horácio Lane 21 | Pinheiros | Tel. 011 38 14 40 87*

PUB KEI
In diesen japanischen Pub im 1. Stock eines Shoppingcenters kommt man, um einen Drink zu nehmen; auch der Mittagstisch ist großartig. *So geschl. | Av. Paulista 854/Top Center | Bela Vista*

SÃO CRISTÓVÃO
Fotos, Trikots, Embleme überall. Auch wenn Sie kein Fußballfan sind, die Sammlung ist toll! *Tgl., Sa ab 16.30 Uhr Livesamba | Rua Aspicuelta 533 | Vila Madalena | Tel. 011 30 97 99 04*

SKYE
Atemberaubender Blick aufs Hochhausmeer von der Dachterrasse des *Unique*-Hotels. *Tgl. 18–2 Uhr | Av. Brig. L. Antônio 4700 | Jardim Paulista | Tel. 011 30 55 47 02*

ÜBERNACHTEN

L'HOTEL PORTO BAY
Super Lage in der Nähe der Paulista und guter Service. *83 Zi. | Alameda Campinas 266 | Bela Vista | Tel. 011 21 83 05 00 | www.portobay.com.br | €€€*

MERCURE JARDINS
Moderne Zimmer, Toplage, 5 Min. zur Av. Paulista. *121 Zi. | Alameda Itu 1151 | Cerqueira César | Tel. 011 30 89 75 55 | www.accorhotels.com.br | €€*

POUSADA ZILAH
Einfache Zimmer in einem umgebauten Wohnhaus, nur ein paar Schritte von der Av. Paulista. *14 Zi. | Alameda Franca 162 | Jardim Paulista | Tel. 011 30 62 14 44 | €*

TRYP HIGIENÓPOLIS
Großzügig renovierte Zimmer in bürgerlichem Stadtteil, in der Nähe des Shoppingcenters *Pátio Higienópolis. 252 Zi. | Rua Maranhão 371 | Higienópolis | Tel. 011 36 65 82 00 | www.tryphotels.com | €€*

AUSKUNFT

CENTRO DE INFORM. TURÍSTICAS
Am Flughafen Guarulhos, am Busbahnhof Tietê, Praça da República und Av. Paulista | Tel. 011 22 26 04 00 | www.cidadedesaopaulo.com

ZIELE IN DER UMGEBUNG

CAMPOS DO JORDÃO
(147 D3) *(H6)*
Im Winter fällt das Thermometer in dem 1600 m hoch und 190 km nordöstlich gelegenen Luftkurort (48 000 Ew.) in der Serra da Mantiqueira schon mal auf 0 Grad. Die Stadt ist vor allem bei den wohlhabenden Paulistanos wegen ihrer Alpenatmosphäre sehr beliebt.

ILHABELA (147 D3) *(H6)*
Über Santos kommen Sie auf die Küstenstraße. Die schönsten Strände wie *Barra do Saí, Camburi* oder der Surferort *Maresias* liegen kurz vor *São Sebastião,* von wo aus Sie zur *Ilhabela* („schöne Insel"), oder *Ilha São Sebastião,* übersetzen können. Berge und Regenwald bestimmen das Bild. Eingebettet in tropische Natur sind Sie in der *Pousada Mariola (8 Zi. | Rua Chico Reis 304 | Tel. 012 38 96 41 41 | www.mariola.com.br | €–€€)* mit grandiosem Blick.

DER NORDOSTEN

Im Nordosten Brasiliens reiht sich ein Traumstrand an den anderen: von Palmen gesäumt, von Sanddünen oder Felsen geschützt, mit türkisgrünem oder tiefblauem Wasser, mit schaumgekrönten Wellen oder glatt wie ein Spiegel, menschenleer oder mit lebhaften Strandbars – Sie haben die Wahl.

Die Sonne strahlt die meiste Zeit am blauen Himmel. Dazu kommt der Zauber der barocken Kirchen und Gebäude, der kopfsteingepflasterten Gässchen und der geheimnisvollen Kultur von Orten wie Salvador, Olinda oder São Luís. Deutlich spüren Sie die afrikanischen Einflüsse. Im trockenen Hinterland scheint die Zeit stehengeblieben zu sein. In den Bergen können Sie wandern, in Wasserfällen baden und Tropfsteinhöhlen besuchen.

FORTALEZA

(141 E3) (*🕮 J2*) **Den Bundesstaat Ceará besucht man wegen der Strände und des guten Wetters. Die Hauptstadt Fortaleza (2,5 Mio. Ew.) ist Ausgangspunkt für Touren nach Osten an die Costa do Sol Nascente und nach Westen an die Costa do Sol Poente mit Fischerdörfern, Dünen und einem der schönsten Strände Brasiliens: Jericoacoara.**

Fortaleza ist eine moderne Stadt mit Bars, Restaurants und regem Nachtleben, die vom Tourismus lebt. Ein historisches Zentrum gibt es nicht, obwohl die Stadt ihren Namen den Festungen verdankt. 1649 bauten die Holländer hier das *Fort Schonnenborch*, aus dem sie sie-

Bild: Kuppel des Planetariums im Centro Cultural Dragão do Mar, Fortaleza

Strände und Meer, Sonne und Lebensfreude rund um Salvador da Bahia, die Hauptstadt der afrobrasilianischen Kulte

ben Jahre später wieder vertrieben wurden. Erst im 19. Jh. errichteten die Portugiesen die *Fortaleza de Nossa Senhora da Assunção* an derselben Stelle. *Jangadas,* Langusten und *forró* sind die Symbole der Stadt: Noch immer fahren die Fischer mit den Segelflößen *(jangadas)* aufs Meer und machen reichen Fang. Deshalb sind die Krustentiere hier günstiger als anderswo. Probieren Sie auch *caranguejo* (Krebse) und *pargo* (Schnappfisch), der in Salz gegrillt wird! Danach ab ins Nachtleben und Forró tanzen!

SEHENSWERTES

INSIDER TIPP CENTRO CULTURAL DRAGÃO DO MAR

Zu dem großen, modernen Kulturkomplex gehören ein Amphitheater, ein Planetarium, das gut bestückte Museum für Zeitgenössische Kunst *MAC* und der *Memorial da Cultura Cearense,* wo Volkskunst aus Ceará ausgestellt wird, sowie zahlreiche Bars und Restaurants. *Di–Fr 9–18.30, Sa/So 14–20.30 Uhr | Rua Dragão do Mar 81*

PONTE DOS INGLESES
Die „Brücke" ist eigentlich nur ein Holzsteg, der am Strand von Iracema weit ins Meer führt und zu einem der Wahrzeichen Fortalezas wurde.

Große Bühne für Kunsthandwerk: Mercado Central de Artesanato in Fortaleza

TEATRO JOSÉ DE ALENCAR
Der Kulturkomplex mit Theater, Tanz, Musik, Bibliothek und Galerie wurde nach einem Dichter benannt. Die Metallkonstruktion des im Jugendstil errichteten Theaters kam aus Schottland. *Di–So 8–11, 13–16 Uhr | Rua L. Barroso 525*

STRÄNDE

Die Stadtstrände von Iracema, Meireles und Mucuripe sind schön, und auf der breiten Strandpromenade ist immer viel los: Jogger und Spaziergänger, Sportler und Familien, Restaurants und Straßenhändler. Baden sollten Sie aber hier nicht, weil das Wasser nicht wirklich sauber ist. Ins Meer springen sollten Sie erst ab der Praia do Futuro, 10 km vom Zentrum entfernt. Besuchen Sie dort eine der gut ausgestatteten Strandbars – Sie werden staunen! Im *Crocobeach* gibt es ein großes Schwimmbad, Sauna und Lanhouse, das Publikum des *Vira Verão* ist jünger und nutzt das WiFi, in der *Itapariká* gibt es einen großen Wasserpark und die besten Krebse sowie Fisch in Salzkruste (lecker!) bei *Chico do Caranguejo (€) (alle entlang der Av. Zezé Diogo).*

FREIZEIT & SPORT

Juli bis November sind die Winde fürs Kite-Surfen besonders günstig. Anfänger gehen zur Lagoa da Prainha oder zur Praia do Futuro. Surfen, Kiten und SUP bietet *www.fortalezakitesurf.com*.

ESSEN & TRINKEN

ALFREDO – REI DA PEIXADA
Traditionelles Restaurant für Fisch und Meeresfrüchte an der Strandpromenade, bekannt für die gute *peixada*, den Fischeintopf mit Gemüse, Eiern und Ko-

kosmilch. *Tgl. | Av. Beira-Mar 4616 | Mucuripe | Tel. 085 32 63 11 88 |* €

CABAÑA DEL PRIMO

In dem hübschen Restaurant gibt es das beste Rindleisch Fortalezas – wie in der Heimat des argentinischen Besitzers! *Tgl. | Rua Maria Tomásia 503 | Aldeota | Tel. 085 32 44 36 91 |* €€

COCO BAMBU FRUTOS DO MAR

Der Meeresfrüchtetempel an der Strandpromenade. *Tgl. | Av. Beira Mar 3698 | Mucuripe | Tel. 085 3 19 86 00 |* €€–€€€

COLHER DE PAU

Typische Gerichte aus dem Inland und von der Küste – hier konkurrieren Carne do Sol, sonnengetrocknetes Fleisch, und Lammfleisch mit Fischgerichten. *Tgl. | Rua Ana Bilhar 1170 | Varjota | Tel. 085 32 67 66 80 |* €–€€

VOJNILÓ

Fisch, Krabben und Langusten auf dem Grill zubereitet – eine Delikatesse! Das Restaurant für einen besonderen Abend. *So-Abend und Mo-Mittag geschl. | Rua Frederico Borges 409 | Varjota | Tel. 085 32 67 30 81 |* €€€

EINKAUFEN

Ceará ist bekannt für gutes Kunsthandwerk, besonders für Hängematten und Spitzen. Ein typisches Souvenir sind mit buntem Sand gefüllte Fläschchen. Im *Ceart (Mo–Sa 9–21, So 14.30–20.30 Uhr | Av. Santos Dumont 1587 | Aldeota)* finden Sie die beste Qualität, günstiger sind das *Centro de Turismo (Mo–Fr 8–18, Sa/So 8–12 Uhr | Rua Senador Pompeu 350 | Centro)*, der *Mercado Central de Artesanato (Rua Maestro Alberto Nepomuceno 199)* und die *Feira Noturna (tgl. 17–22 Uhr | Av. Beira-Mar | Praia de Meireles)*.

AM ABEND

BOTECO PRAIA

Treffpunkt zum Sonnenuntergang an der Praia de Iracema, gut gezapftes Bier, leckere Kleinigkeiten, später Livemusik. *Av. Beira Mar 1680 | Tel. 085 32 48 47 73*

FORRÓ

Fortaleza ist bekannt für Forró-Schuppen, wo man eng tanzt: Mo in der *Pirata Bar (Rua das Tabajaras 325 | Iracema)*, Di, Fr im *Arré Égua (Rua D. Gouveia 420 | Varjota)* und Fr/Sa im *Kukukaya (Av. Pontes Vieira 55)* im Vorort Dionísio Torres. Voll wird's ab 22 Uhr, Eintritt ab 30 R$.

MARCO POLO HIGHLIGHTS

★ **Lençóis Maranhenses**
Beeindruckende Dünenlandschaft bei São Luís → S. 73

★ **Praia da Pipa**
Ein traumhftes Fleckchen Erde südlich von Natal → S. 59

★ **Olinda**
Die barocke Perle: schmucke Stadt am Atlantik → S. 60

★ **Fernando de Noronha**
Die Spitze des Paradieses → S. 63

★ **Salvador**
Stadt voller Magie und Geheimnisse → S. 65

★ **Chapada Diamantina**
Wasserfälle und Tafelberge → S. 70

★ **Havaizinho**
Traumbucht bei Itacaré → S. 72

MUCURIPE CLUB
Tanzpalast mit fünf unterschiedlichen Musikbereichen. *Fr/Sa ab 22 Uhr | ab 30 R$ | Rua Maranguape 108 | Centro*

ÜBERNACHTEN

HOTEL LUZEIROS
Cearás erstes Designhotel mit moderner Lobby, Pool und Meerblick, direkt am Strand. *202 Zi. | Av. Beira Mar 2600 | Meireles | Tel. 085 40 06 85 85 | www.hotelluzeiros.com.br | €€€*

SONATA DE IRACEMA
Moderne Zimmer mit Meerblick, Pool, reichhaltiges Frühstück, gutes Preis-Leistungs-Verhältnis. *117 Zi. | Av. Beira-Mar 848 | Iracema | Tel. 085 40 06 16 00 | www.sonatadeiracema.com.br | €€*

VILLA MAYOR
Architektur der 30er-Jahre, Frühstück am Pool, nur eine Quadra vom Strand. *95 Zi. | Rua Visconde de Maia 151 | Meireles | Tel. 085 34 66 19 00 | €–€€*

AUSKUNFT

Die staatliche Touristauskunft hat Büros am Flughafen, am Busbahnhof und im *Centro de Turismo (Rua Senador Pompeu 350 | Centro | Tel. 0800 99 15 16). www.guiace.com.br*

ZIELE IN DER UMGEBUNG

CANOA QUEBRADA (141 E3) *(J–K2)*
Von Fortaleza Richtung Osten folgt ein Strand auf den anderen. Die nächstgelegenen sind *Porto das Dunas (Beach Park)* und *Prainha*. Weiße Sanddünen, bunte Klippen, bizarre Steinformationen! Darauf folgen *Caponga (62 km), Morro Branco (86 km)* und *Uruaú (110 km)* mit einer in den Dünen versteckten Lagune. Der bekannteste Ort ist *Canoa Quebrada (160 km),* früher Hippietreff, heute ein voller Ferienort. Eine ruhige Lage mit Pool und Meerblick genießen Sie in der *Pousada Aruanã (20 Zi. | Rua dos Bugueiros | Tel. 088 34 21 71 54 | www.pousadaaruana.com.br | €€).*

JERICOACOARA (141 D–E3) *(J2)*
Der Strand von Jericoacoara gilt als einer der schönstenBrasiliens, aber die Anreise ist langwierig. Das Besondere an „Jeri" sind die hohen Dünen und der stetige Wind, der die Surfer begeistert. In dem von Dünen umgebenen *Cumbuco (33 km)* verbringen die Leute aus der Stadt gern einen Tag am Strand. Bekannt ist der Ort für seine günstigen Windverhältnisse, weshalb Kitesurfer aus aller Welt hierherkommen. Die Straße Richtung Westen führt nicht direkt am Strand entlang. 60 km sind es bis *Taíba,* 110 km ins verträumte *Lagoinha,* ein charmantes Fischerdorf mit endlosen Stränden und Dünen. Übernachten können Sie in der *Villa Lagoinha (6 Zi. | Rua Projetada 25 | Tel. 085 91 36 60 62 | www.brazilkitesurf.com | €),* einer hübschen Pousada unter Schweizer Leitung, die auch Kitesurfkurse anbietet. Am Ende der Straße liegt *Trairí* (128 km), Durchgangsstation zu den von Dünen gesäumten Stränden Fleixeiras und Mundaú.
Wind, Sonne, Sand, Meer: in *Jericoacoara* (ca. 300 km) spüren Sie die Elemente. Es gibt den Strand mit stetigem Wind und 20 km im Inland die *Lagoa de Jijoca* mit klarem Wasser. Jericoacoara ist ein Ferienort mit Pousadas und Läden und das Surferparadies Brasiliens. Hier wohnen Sie in der *Casa na Praia (4 Zi. | Rua Oceano Atlántico | Tel. 088 33 69 23 74 | www.casanapraiajeri.com | €€)* oder in der komfortablen *Pousada Jeribá (14 Zi. | Rua do Ibama | Tel. 088 36 69 20 96 | www.jeriba.com.br | €€–€€€).*

NATAL

(141 F4) (*K3*) „Stadt der Sonne" wird Natal (850 000 Ew.) wegen des angenehmen Klimas genannt: 300 Sonnentage bei einer Durchschnittstemperatur von 26 Grad. Fast zwangsläufig ist der Tourismus zur Haupteinnahmequelle geworden.

Über 400 km Küste hat der am weitesten nordöstlich gelegene Bundestaat Rio Grande do Norte, dessen Hauptstadt Natal ist. Der Name („Weihnachten") geht auf das Gründungsdatum zurück. Aus der indianischen Tupí-Sprache kommt der Ausdruck *potiguar* („Krabbenesser"), mit dem die Einheimischen bezeichnet werden. Rio Grande do Norte ist der größte Krabbenproduzent Brasiliens. Zur Fußball-WM 2014 wurde die *Arena das Dunas* mit 40 000 Plätzen gebaut.

SEHENSWERTES

FORTE DOS REIS MAGOS

Erst vertrieben die portugiesischen Kolonialherren französische Piraten, die mit den ansässigen Indianern Handel getrieben hatten, dann begannen sie 1598 mit dem Bau der sternförmigen Festung. Damals strategisch gut, heute nur noch malerisch gelegen zwischen Atlantik und Rio Potengi, beherbergt das Fort jetzt u. a. den ältesten portugiesischen Besitzmarkstein von 1501. *Tgl. 8–16 Uhr | 5 R$ | Praia do Forte*

PRAIA DA PONTA NEGRA

Nach Natal kommt man wegen der Strände. Der schönste der stadtnahen ist der 8 km südlich gelegene Strand von Ponta Negra: türkisgrünes Meer, weißer Sand, eine nette Strandpromenade und im Hintergrund der *Morro do Care-*

Dünen- und Lagunenlandschaft wie von einem anderen Stern: Jericoacoara

ca, eine steil ins Meer abfallende Düne. Hier liegen auch die meisten Hotels und Restaurants. Probieren Sie die köstlichen in Kokosmilch gekochten Krebse in der *Toca do Caranguejo (Rua Alfredo Dias de Figueiredo 578 | €).*

ESSEN & TRINKEN

INSIDER TIPP ANCORA CAIPIRA

Die Rezepte für die leckeren Gerichte stammen aus dem Hinterland, z. B. Zicklein im Ofen und geschmortes Huhn. Angenehm unprätentiöses Ambiente. *Mo geschl. | Av. Campos Sales 474 | Petrópolis | Tel. 084 32 02 93 64 | €€*

BAR ORIGINAL

Im TV läuft Fußball, dazu gibt's Bier, Grillfleisch und samstags Feijoada. *Di–Sa nur abends, So/Mo 11–16 Uhr | Av. Prudente de Morais 4074 | Lagoa Nova | Tel. 084 33 44 49 30 | €*

CAMARÕES

Ein Muss in dieser Stadt: Krabben essen – erste Adresse für den Gaumenschmaus ist das *Camarões* – nicht ganz billig, aber köstlich! *Tgl. | Av. Engenheiro Roberto Freire 2610 | Ponta Negra | Tel. 084 32 09 24 24 | €€–€€€*

EINKAUFEN

Einheimisches Kunsthandwerk in guter Auswahl finden Sie im *Shopping do Artesanato Potiguar (Av. Engenheiro Roberto Freire 8000 | Ponta Negra)* und im *Centro de Turismo (Rua Aderbal de Figueiredo 980 | Petrópolis)*, einem restaurierten Bau aus dem 19. Jh. Stöbern Sie auch im *Alma Brasileira (Mo–Sa 17–22 | Rua Teotônio Villela 1111 | Alto da Ponta Negra)* nach brasilianischem Kunsthandwerk.

AM ABEND

In Alto de Ponta Negra finden sich die meisten Bars und Restaurants. Angesagt sind am Wochenende auch das Hafenviertel Ribeira und Petrópolis.

ÜBERNACHTEN

MANARY PRAIA

Charmantes Hotel im Neo-Kolonialstil am Strand; romantisch das Dinner am Pool! *23 Zi. | Rua Francisco Gurgel 9067 | Pon-*

Sommerspaß im Sand: Funsport am Strand von Ponta Negra

ta Negra | Tel. 084 32 04 29 00 | www.manary.com.br | €€–€€€

POUSADA MANGA ROSA

Am schöneren Ende des Strandes von Ponta Negra, nette Zimmer, z. T. mit Meerblick, freundlicher Service, super Preis-Leistungs-Verhältnis. *16 Zi. | Av. Evian França 240 | Tel. 084 32 19 05 08 | www.mangarosanatal.com.br* | €

AUSKUNFT

Die Staatliche Touristenauskunft hat Informationsstellen im Flughafen, im Busbahnhof und im *Centro de Turismo. Tgl. 8–18 Uhr | Tel. 084 32 32 25 00 | turismo.natal.br.gov.br | natalpraias.com.br*

ZIELE IN DER UMGEBUNG

JOÃO PESSOA (145 F1) (*K3*)

180 km sind es von Natal nach João Pessoa, der Hauptstadt Paraíbas. Die Hauptstraße verläuft im Inland, während die Steilküste einsame Strände und Fischerdörfer wie *Baía Formoso* und *Baía da Traição* bietet. In João Pessoa geht's trotz der 650 000 Einwohner gemächlich zu. Das historische Zentrum liegt um den Barockkomplex der Kirche *São Francisco*. Begutachten Sie Kunsthandwerk in der *Casa do Artista Popular (tgl. 9–17 Uhr | Praça da Independência 56)*. Es gibt eine gepflegte Strandpromenade und gute Restaurants. Im *Mangai (tgl. | Av. Gen. Édson Ramalho 696 |* €*)* im Stadtteil Manaíra gibt es deftige Nordostküche. Übernachten Sie im modernen Hotel *Verdegreen (140 Zi. | Av. João Maurício 255 | Manaíra | Tel. 083 30 44 00 00 | www.verdegreen.com.br |* €€*)*, das wegen seiner Nachhaltigkeit prämiert wurde. Unschlagbar ist der INSIDER TIPP Sonnenuntergang zu den Klängen des „Bolero" am Strand des Paraíba-Flusses: Jeden Tag ab 16.30 Uhr sammeln sich Menschen auf den Holzstegen an der *Praia do Jacaré (km 8 der BR 230)*, um Jurandy do Sax zu hören, wie er auf einem Ruderboot Ravel spielt.

PIPA ★ (145 F1) (*K3*)

Pipa (oder Praia da Pipa) ist ein charmanter Strandort, gelegen auf einer Steilküste mit atemberaubenden Blick aufs Meer, umgeben von Regenwald, Dünen und Lagunen. Die Mischung von Einheimischen, Touristen, Künstlern und Surfern gibt dem Ort 80 km südlich von Natal sein besonderes Flair. Die Strände haben weißen, feinen Sand, das Meer präsentiert sich mal sanft, mal wild, an einigen Stellen tummeln sich Delphine. Vom *Mirante dos Golfinhos* kann man sie beobachten und in der *Baía dos Golfinhos* sogar mit ihnen schwimmen. Entspannend und gepflegt sind die Chalets der Pousada *Terra dos Goitis (8 Zi. | Rua das Acácias | Praia do Amor | Tel. 084 32 46 22 61 | www.terradosgoitis.com |* €€*)* in Zentrumsnähe. Ein Kleinod mit tollem Garten und großzügigen Bungalows ist die INSIDER TIPP *Toca da Coruja (20 Zi. | Av. Baía dos Golfinhos 464 | Tel. 084 32 46 22 26 | www.tocadacoruja.com.br |* €€€*)*. Spekatuklär ist die Sicht aus der *Pousada Mirante de Pipa (13 Zi. | Rua do Mirante 1 | Centro | Tel. 084 32 46 22 51 | www.mirantedepipa.com.br |* €*)*. Die Unterkünfte sind in einem Garten verteilt, der Service ist freundlich-familiär. Eine familiäre Adresse für Fisch und Meeresfrüchte ist das *Cruzeiro do Pescador (tgl. | Rua dos Concris 1 | Chapadão | Tel. 084 32 46 20 26 |* €€*)*. Der Küchenchef empfängt bei sich zu Hause. Vorbestellen!

Auf dem Weg nach Pipa halten Sie in *Pirangi do Norte,* um hier den größten Cashewbaum der Welt zu bewundern. Hinterher probieren Sie deftige, schmackhafte Inlandsküche im *Paçoca do Pilão (Av. Deputado Márcio Marinho 5708 | Tel. 084 32 38 20 88 | €)*.

SÃO MIGUEL DO GOSTOSO

(141 F3) *(🕮 K3)*
Der Ort, rund 100 km nordwestlich von Natal, ist ideal zum Kite- und Windsurfen. Noch ist er ein Geheimtipp mit einigen wenigen Pousadas, ideal für einen zweitägigen Ausflug. *www.saomigueldogostosobrasil.com*

Recife Regierungssitz und Drehscheibe für Touristen. Anregender ist der Aufenthalt in Olinda (388 000 Ew.) mit seiner aktiven Künstlerszene. Kirchen liegen neben Ateliers, Restaurants neben Handwerksläden, Studenten treffen sich vor den Bars, und Touristen sind auf dem Weg in gute Restaurants. Kunst und Musik an allen Ecken: In der zweiten Novemberhälfte wird das historische Zentrum bei *Arte em toda Parte* zum Atelier unter freiem Himmel, über den Feiertag

Kontrastprogramm: vorne das beschauliche Olinda, im Hintergrund die Metropole Recife

OLINDA

(145 F2) *(🕮 K3)* **Ihren Namen besitzt „Die Schöne" zu Recht: Malerisch auf Hügeln am Meer verteilt liegen die zahlreichen Barockkirchen und Kolonialhäuser. Von der Unesco wurde ★ Olinda zum Weltkulturerbe erklärt.**
Franziskaner, Benediktiner, Jesuiten, Karmeliter – sie alle verewigten sich mit ihren Kirchen in der ersten Hauptstadt Pernambucos. Heute ist das benachbarte des 7. Sept. gibt es Klassikkonzerte in den Kirchen und, ebenfalls im November, ein Literaturfestival. Wenn sie zum Karneval kommen, sollten sie lange im Voraus ein Zimmer buchen, weil es nur wenige Unterkünfte gibt. Und bequeme Schuhe sind unabdingbar auf den steilen, holprigen Straßen zwischen Ober- und Unterstadt. Den schönsten Blick auf das nur 6 km entfernte Recife – sowie auf Olinda selbst – hat man vom Platz der Kathedrale, der *Praça da Sé*. Ab Donnerstagabend Richtung Wochenende ist auf

diesem Platz immer etwas los: Afrorhythmen und Maracatu-Gruppen, Stände mit Tapiocafladen und Kunsthandwerk. Ein Hinweis: Die selbst ernannten Touristenführer sind meist nicht so gut vorbereitet, wie sie vorgeben; es geht auch ohne.

SEHENSWERTES

BASÍLICA DE SÃO BENTO

Der 14 m hohe, mit Blattgold bestückte Schnitzaltar wurde bereits im Guggenheim-Museum ausgestellt. So 10 Uhr gregorianische Gesänge. *Tgl. 8–12, 14–18 Uhr | Rua de São Bento*

CONVENTO DE SÃO FRANCISCO

Das erste Franziskanerkloster Brasiliens besitzt reich ausgestattete Kapellen, eine prachtvolle Sakristei und einen mit portugiesischen Kacheln *(azulejos)* verzierten Innenhof. *Mo–Fr 9–12, 14–17, Sa 8–12 Uhr | 3 R$ | R. de São Francisco 280*

ESSEN & TRINKEN

CASA DE NOCA

Für den Hunger zwischendurch. Hier gibt es nur ein Gericht: Maniokwurzeln mit Carne do Sol und Käse – sehr typisch für die Nordostküche. Die Größe der Portion bestimmen Sie. *Tgl. | Rua Bertioga 243* | €

INSIDER TIPP OFICINA DO SABOR

Verfeinerte Regionalküche, z. B. mit Krabben in Mangosauce gefüllter Kürbis. Von der Veranda haben Sie einen Blick bis Recife. *So-Abend und Mo geschl. | Rua do Amparo 335 | Tel. 081 34 29 33 31* | €€

AM ABEND

Bummeln Sie durch die steilen Gassen. In der *Bodega do Véio (Rua do Amparo 212)* trifft sich die alternative Künstlerszene; in der Bar *Xinxim da Baiana* auf der Praça do Carmo wird Forró getanzt, und im *Grêmio Preto Velho* geht's vor allem beim *sambão* am Wochenende richtig ab *(Alto da Sé)*.

ÜBERNACHTEN

POUSADA DOS QUATRO CANTOS

An einer Straßenecke im Zentrum, kleiner Pool, freundlicher Service – die beste Pousada vor Ort! *18 Zi. | Rua Prudente de Morais 441 | Tel. 081 34 29 02 20 | www.pousada4cantos.com.br* | €–€€

SETE COLINAS

Hotel in einem restaurierten Kolonialgebäude mit Pool und viel Grün mitten im historischen Zentrum. *44 Zi. | Ladeira do São Francisco 307 | Tel. 081 34 93 77 66 | www.hotel7colinas.com.br* | €€

AUSKUNFT

Infobox Praça do Carmo (tgl. 9–21 Uhr | Tel. 081 34 29 31 41)

RECIFE

(145 F2) *(K3)* **Die Hauptstadt Pernambucos Recife (1,6 Mio. Ew.) liegt über mehre Inseln verstreut im Flussdelta des Rio Capibaribe. Die vielen Mündungsarme, Kanäle und Brücken erschweren die Orientierung.**

Die meisten Hotels und viele Restaurants liegen in Boa Viagem, dem Strandviertel – allerdings nicht am Meer, sondern in zweiter Reihe. Weiter außerhalb Richtung Suape liegen die Hotels der Praia da Piedade. Der Bundesstaat Pernambuco erlebt einen wirtschaftlichen Boom mit dem Ausbau des Tiefseehafens in Suape und der Ansiedlung neuer Industrien. Zum alten Zentrum Recifes gehören die Stadtviertel Recife Antigo, Boa Vista und

Santo Antônio mit historischen Regierungsgebäuden, Kirchen und Märkten. In Recife Antigo wurden viele Gebäude restauriert wie z. B. die Synagoge *Kahal Zur Israel*, die *Torre Malakoff* oder das Zollgebäude, in dem heute ein Shoppingcenter untergebracht ist. In Santo Antônio liegen die *Capela Dourada (So geschl. | 3R$)* mit ihrem prächtigen Altar und Decken- und Wandmalereien von 1697, die Markthalle des *Mercado São José*, das *Forte das Cinco Pontas* aus holländischer Besatzungszeit und die *Casa da Cultura*. Wenn es dunkel wird, sollten Sie das alte Zentrum Richtung Hotel verlassen.

SEHENSWERTES

INSTITUTO RICARDO BRENNAND

Einem Schloss gleicht das Gebäude, in dem die Sammlung holländischer Meister einer alten Kolonialfamilie untergebracht ist. *Di–So 13–17 Uhr | Eintritt 15 R$ | Alameda Antônio Brennand | Várzea*

INSIDER TIPP MUSEU DO HOMEM DO NORDESTE

Tolles Museum, in dem Sie viel über die Geschichte und die Kultur der Nordestinos erfahren. *Di–Fr 11–17, Sa/So 13–17 Uhr | Av. 17 de Agosto 2187 | Casa Forte*

OFICINA DE CERÂMICA FRANCISCO BRENNAND

Schöner Park mit Tonskulpturen, Kachelbrennerei und Ausstellunsräumen für die Malerei des pernambucanischen Künstlers Francisco Brennand im Stadtteil Várzea. Nehmen Sie ein Taxi, das auf Sie wartet *(50–60 R$). Mo–Fr 8–17 Uhr | 10 R$ | Prop. Santos Cosme e Damião*

STRÄNDE

Recife hat zwar eine Strandpromenade, aber ins Wasser sollten Sie hier nicht springen. Die Wasserqualität läßt zu wünschen übrig, und es gibt Haie. Fahren Sie zum Baden lieber nach *Porto de Galinhas* (s. S. 64).

ESSEN & TRINKEN

CHICA PITANGA

Frische Qualität vom Büfett. *Tgl. | Rua Petrolina 19 | Boa Viagem | Tel. 081 34 65 22 24 |* €

ENTRE AMIGOS PRAIA

Ideal für ein Treffen zum Sundowner: Barrestaurant an der Strandpromenade. Hier gibt es Nordostspezialitäten wie Zicklein mit Maniok. *Tgl. | Av. Boa Viagem 760 | Pina | Tel. 081 31 27 25 10 |* €

LEITE

Das *Leite* ist das älteste Restaurant Brasiliens (von 1882) – eine Zeitreise! *Nur mittags | Praça J. Nabuco 147 | Santo Antônio | Tel. 081 32 24 79 77 |* €€

TASCA

Probieren Sie die Klassiker: Tintenfischreis und Stockfisch mit Kartoffeln. *Di–Sa nur abends, So nur mittags | Rua D. José Lopes 165 | Boa Viagem | Tel. 081 33 26 63 09 |* €€–€€€

TIO PEPE

Gemütliches Restaurant mit regionaler Küche und freudlichem Service; schöner Garten. *Mo und So-Abend geschl. | Rua Almirante Tamandaré 170 | Boa Viagem | Tel. 081 33 41 71 53 |* €–€€

EINKAUFEN

Schönes Kunsthandwerk wie z. B. die typischen Tonfiguren im Stil von Mestre Vitalino, dem berühmesten Keramikers des Nordostens, bekommen Sie in der *Casa da Cultura de Pernambuco (Mo–Fr 9–19,*

Sa 9–18, So 10–15 Uhr | Rua Floriano Peixoto | Santo Antônio), einem ehemaligen Gefängnis.

AM ABEND

BOTECO

Hier gibt es eiskaltes *chopp* (Bier) und leckere Kleinigkeiten. *Mo–Do ab 17, Fr–So ab 12 Uhr | Av. Boa Viagem 1660 | Tel. 081 33 52 14 38*

TRANSAMERICA PRESTIGE

Eines der neuesten Hotels an der Strandpromenade mit großzügigen Zimmern im Ausgehviertel Pina. *195 Zi. | Av. Boa Viagem 420 | Tel. 081 30 39 90 00 | www.transamericagroup.com.br* | €€–€€€

AUSKUNFT

Touristeninfos: *www.recife.pe.gov.br | www.pernambuco.com/turismo*

Kunsthandwerkermarkt in Recife, der Metropole des Nordostens

CASA DA MOEDA

Die richtige Adresse für Freunde von Jazz und Chorinho, aber bitte mit Taxi! *Rua da Moeda 150 | Recife Antigo | Tel. 081 30 39 90 00*

ÜBERNACHTEN

POUSADA VILLA BOA VISTA

Familiäre Pousada mit hübschen Zimmern, zentral gelegen Richtung Zentrum Recife. *30 Zi. | Rua Miguel Couto | Boa Viagem | Tel. 081 32 23 06 66 | www.pousadavillaboavistacom.br* | €

ZIELE IN DER UMGEBUNG

FERNANDO DE NORONHA ★

(0) *(🕮 K2)*

Ein Paradies! Die 545 km vor Recife im Atlantik gelegene Insel ist die Spitze eines vulkanischen Gebirges, bewohnt von ca. 2250 Menschen. Der Archipel steht unter Naturschutz. Es gibt kleine Buchten mit Sand und sauberem Wasser, wie die *Baía dos Porcos* und die *Baía do Sancho,* die nur zu Fuß zu erreichen sind und zu den schönsten Brasiliens gehören. Bei Ebbe bleiben Hunderte von Fischen in den von Riffen geschützten Naturbecken der *Praia de Atalaia* zurück. INSIDER TIPP **Am schönsten ist in Noronha die Welt unter Wasser**: Fischschwärme, Rochen, Schildkröten, Delphine, Korallen, Seeanemonen. Die Sichtweite beträgt bis zu 50 m, die Wassertemperatur im Schnitt 27 Grad. Tauchtouren veranstaltet u. a. *Atlantis Divers (Vila dos Remédios | Tel. 081 36 19 13 71 | www.atlantisnoronha.com.br)*.

Die Surfer kommen wegen der perfekten Wellen, besonders von Dezember bis März. Machen Sie eine Bootstour entlang der Strände des *Mar de Dentro*. Dabei können Sie Delphine beobachten und in der *Baía do Sancho* schnorcheln *(tgl. ab Hafen 8 und 13 Uhr | 90 R$)*. Anbieter: *Abatur (Tel. 081 36 19 13 50)* oder *Atalaia (Tel. 081 36 19 13 28)*.

Das *Mergulhão (€€)* oberhalb des Hafens bietet Fisch und Meeresfrüchte und einen wunderbaren Blick auf den Sonnenuntergang. Genau wie die *Bar do Meio (€)* auf einem Felsen zwischen der Praia da Conceição und der Praia do Meio. Im *Varanda (tgl. | Av. Maj. Costa 130 | Vila do Trinta | Tel. 081 36 19 15 46 | €€)* probieren Sie frittierte Fischstreifen, dann Krabben mit Kürbiscreme. Der schönste Platz ist vorn auf der Veranda mit Blick aufs Meer. Ruhig gelegen, gepflegt und mit gutem Preis-Leistungs-Verhältnis ist die *Pousada do Vale (8 Zi. | Rua Pescador Sérgio Linho 18 | Vila dos Remédios | Tel. 081 36 19 12 93 | www.pousadadovale.com | €€€)*; der Blick aus der *Pousada Colina dos Ventos (6 Zi. | Estrada Da Colina 6 | Vila do Trinta | Tel. 081 36 19 12 57 | www.pousadacolinadosventos.com.br | €€)* ist atemberaubend, und die *Pousada Naiepe (Alameda das Acácias 55 | Vila Floresta Nova | Tel. 081 97 83 50 81 | www.pousadanaiepe.com.br | €€)* bietet außer ihren vier Zimmern auch Segeltörns an. Im *Projeto Tamar (www.tamar.org.br)* lohnt sich ein Besuch der Vorträge – ob über Meeresschildkröten oder Haie *(tgl. 20 Uhr)*. Dort können Sie sich auch anmelden, um an der Praia do Leão INSIDER TIPP **Schildkröten beim Ablegen der Eier** (Dez.–Mai) oder Schildkrötenbabys beim Schlüpfen (März–Juli) zu beobachten.

Das Preisniveau auf Noronha liegt weit über dem Landesdurchschnitt. Außerdem kommen zu den normalen Reisekosten noch die Besuchergebühren: tgl. ca. 65 R$ und ein einmaliges Eintrittsgeld von 150 R$ an den Träger des Nationalparks *Econoronha*. Touristeninfo: *www.noronha.pe.gov.br*

PORTO DE GALINHAS (145 F2) *(K3)*

Porto de Galinhas, 60 km südlich von Recife gelegen, hat sich von einem Fischer- zu einem Touristenort entwickelt. Am Strand liegen die bunten Jangadas, mit denen Touristen zum Schnorcheln in die von Riffen geschützten Naturbecken gefahren werden. Im Ortszentrum reihen sich Strandbars, Restaurants und Souvenirläden aneinander. In der Nähe der Naturbecken liegt die Pousada *Canto do Porto (22 Zi. | Av. Beira Mar | Tel. 081 35 52 21 65 | www.pousadacantodoporto.com.br | €€)* mit guter Küche: Probieren Sie Fisch in Sesam! Die großen Resorthotels liegen nördlich von Porto de Galinhas am Strand von *Muro Alto* mit Blick auf den Hafen von Suape; die Surfer gehen ins südlich gelegene *Maracaípe*. Übernachten Sie Richtung Muro Alto in einem der Chalets der *Pousada Tabapitanga (50 Zi. | Praia do Cupe | Tel. 081 35 52 10 37 | www.tabapitanga.com.br | €€)*. Ums Eck gibt's gute Hausmannskost im Restaurant *Cabidela da Natália (tgl. | €)*. Fisch und Meeresfrüchte serviert das charmante Restaurant *Beijupirá (tgl. | Rua Beijupirá | €€)*.

Die Grundfarbe des Candomblé ist Weiß, die Accessoires dürfen aber bunt sein

SALVADOR

(141 E6) (🕮 J4) ★ **São Salvador da Baía de Todos os Santos, die Stadt des „Heiligen Retters an der Bucht aller Heiligen" – so müssen es die Portugiesen empfunden haben, die hier nach beschwerlichen Reisen anlegten, und erst recht die afrikanischen Sklaven, die die mörderische Überfahrt überlebt hatten.** Bis heute ist Salvador (2,9 Mio. Ew.) das Zentrum afrikanischer Kultur und afrobrasilianischer Kulte geblieben. Durch die Gassen des Pelourinho-Viertels hallen Trommelschläge, während die *baianas* mit weiten Röcken und Turbanen hinter ihren Essständen hocken – wie afrikanische Königinnen, geschmückt mit Ketten in den Farben ihrer Götter. Es riecht nach Palmöl und Weihrauch. Der Bundesstaat Bahia ist fast so groß wie Deutschland und umfasst 1000 km Küste mit Traumstränden. Im Inland liegt die *Chapada Diamantina*, das „Diamantengebirge", wo man herrlich wandern kann.

SEHENSWERTES

CANDOMBLÉ

In den Kultstätten des Candomblé, den *terreiros*, werden auch öffentliche Feste zu Ehren der Orixás veranstaltet (Termine bei der Touristinformation). Mit dem bei religiösen Zeremonien üblichen Respekt und heller Kleidung sind Sie willkommen. Im Museum INSIDER TIPP *Ilê Ohun Lailai (Mo–Fr 8–12, 14–17, Sa 8–12 Uhr | 10 R$ | Casa das Coisas Antigas | Rua Di-*

CITY WOHIN ZUERST?

Praça da Sé: Starten Sie am Platz der Kathedrale und spazieren Sie von hier aus durch die kopfsteingepflasterten, autofreien Gassen zum Pelourinho-Platz. Die Busse mit der Aufschrift *Praça da Sé* halten nicht weit vom unteren Ende des Platzes, etwa auf der Höhe des Lacerda-Fahrstuhls, der die Oberstadt mit der Unterstadt verbindet.

Überbordende goldene Pracht in der Igreja de São Francisco

reita de São Gonçalo do Retiro 557 | Cabula) dokumentieren Kultobjekte und Fotos die Geschichte des Terreiros Ilê Axé Opó Afonjá und vermitteln einen Eindruck von den vielfältigen Aspekten des Candomblé. Das Museum liegt auf dem Gelände der Kultstätte, deshalb bitte dunkle Kleidung vermeiden.

CAPOEIRA

Capoeira, den traditionellen Kampftanz, können Sie an verschiedenen Plätzen (z. B. am Mercado Modelo und am Terreiro de Jesus) und in den *Academias* der Meister sehen. Im *Forte Santo Antônio além do Carmo* haben mehrere Capoeira-Meister Trainingsräume (s. auch S. 22).

INSIDER TIPP CASA DO RIO VERMELHO

Wie kaum ein zweiter hat der Schriftsteller Jorge Amado die bahianische Kultur verbreitet. In seinem früheren Wohnhaus ist eine sehenswerte Gedenkstätte eingerichtet worden – er scheint gerade zur Tür herausgegangen zu sein ... *Di–So 10–17 Uhr | Eintritt 20 R$ | Rua Alagoinhas 33*

ESPAÇOS CARYBÉ E PIERRE VERGER

Wie Amados Texte so beschäftigen sich auch die Zeichnungen und Bilder des Argentiniers Carybé und die Fotos des französischen Fotografen und Anthropologen Pierre Verger mit der Kultur und dem Alltag in Bahia. Beiden Künstlern sind in alten Festungsgemäuern in Barra Ausstellungsorte (mit Café) gewidmet. *Mi–Mo 10–17 Uhr | Eintritt 20 R$ | Forte São Diogo/Forte Santa Maria | Praia da Barra*

IGREJA E CONVENTO SÃO FRANCISCO

Die prächtigste Kirche Salvadors gehört zum Konvent des Franziskanerordens aus dem 18. Jh.: vergoldete Altäre und Chorkapellen, Balustraden aus Palisander, Heiligenfiguren, Engel: Barock in den Tropen. Nebenan liegt die Kirche des Laienordens der Franziskaner, die *Igreja da Ordem Terceira de São Francisco,* deren Sandsteinfassade fast 150 Jahre verborgen war. *Mo–Sa 9–17.30, So 10–15 Uhr | 5 R$ | Largo do Cruzeiro de São Francisco | Centro Histórico*

MUSEU CARLOS COSTA PINTO

Silberne Karaffen, chinesisches Porzellan und Elfenbeinschnitzereien vermitteln einen Eindruck vom hochherrschaftlichen Leben der Kolonialherren – auch die goldenen und silbernen Schmuckstücke der Sklavinnen. *Mi–Sa 14.30–19 Uhr | 10 R$ | Av. Sete de Setembro 2490 | Vitória*

PELOURINHO

Der Schandpfahl, an dem die Sklaven ausgepeitscht wurden, gab dem abschüssigen Platz in Salvadors Altstadt seinen Namen. Der größte zusammenhängende Barockkomplex in den Tropen wurde von der Unesco zum Weltkulturerbe erklärt. Genießen Sie die einzigartige Atmosphäre beim Bummel durch die Straßen, aber lassen Sie Ihre Wertsachen im Hotel (Taschendiebe!). Das Viertel erstreckt sich von der Praça da Sé mit der *Catedral Basílica (Mo–Sa 8.30–11.30, 13.30–17 Uhr | Terreiro de Jesus),* der eher nüchternen, von Jesuiten erbauten Kathedrale, bis ins Carmo-Viertel. Das neben der Kathedrale liegende Jesuitenkolleg wurde im 19. Jh. zur ersten medizinischen Fakultät Brasiliens. Heute ist hier das *Museu Afro-Brasileiro (Mo–Fr 9–18, Sa/So 10–17 Uhr | 10 R$ | Largo do Terreiro de Jesus)* untergebracht, wo Sie einen Einblick in den afrobrasilianischen Alltag Salvadors bekommen. Die blau gestrichene Kirche am Pelourinho, *Nossa Senhora do Rosário dos Pretos,* haben Sklaven und bereits befreite Afrikaner bauen lassen. Heute werden einige Messen von afrikanischen Trommeln begleitet.

SOLAR DO UNHÃO

In der ehemaligen Zuckersiederei ist das *Museu de Arte Moderna* mit brasilianischer Kunst untergebracht. Dazu gehört ein Skulpturengarten. Sa ab 18 Uhr Jamsession der Jazzer im Hof. *Di–So 13–19 Uhr | Av. Contorno | Cidade Baixa*

STRÄNDE

Die Stadt verfügt über lange Strandabschnitte. In Zentrumsnähe ist aber nur der kleine Strand am Porto da Barra empfehlenswert. Unter den Palmen des ● *Jardim de Alah,* ca. 15 km vom Zentrum, sind Massageliegen aufgebaut. Gönnen Sie sich doch mal die kleine Auszeit einer Massage! Sauberer wird das Meer ab Piatã, noch weiter stadtauswärts. Die schönsten Strände sind *Stella Maris* und *Flamengo* in der Nähe des Flughafens. Eine schöne Strandbar an der Praia do Flamengo ist die ● *Barraca do Loro (Rua Des. Manoel de Andrade Teixeira 266).*

ESSEN & TRINKEN

In Salvador dürfen Sie *acarajé* nicht verpassen. Probieren Sie die in Dendê-Öl frittierten Bällchen bei einer der bekann-

LOW BUDG€T

In Salvador übernachten Sie günstig in der *Pousada Estrela do Mar (9 Zi. | Rua Afonso Celso 119 | Barra | Tel. 071 30 22 48 82)* in Fußnähe zum Strand.

50 km außerhalb von Salvador, in Arembepe, essen Sie preiswert im *Coló (tgl. | Praça das Amendoeiras | Tel. 071 36 24 10 58).* Von der Veranda schauen Sie den Fischern zu, wie sie ihre Netze flicken, während Sie die Fisch-Moqueca genießen.

ten Baianas: *Cira* in Itapuã, *Dinha* und *Regina* in Rio Vermelho. Alle, bei denen sich Schlangen bilden, sind gut.

BOI PRETO

Churrascaria-Rodízio mit großartigem Büfett, Sushibar und Weinkeller. *Tgl. | Av. Octávio Mangabeira/Av. Yemanjá, Jardim Armacão | Tel. 071 33 62 88 44 |* €€€

CASA DE TEREZA

Bahianische Küche, wie sie zu Hause gekocht wird, mit besonders sorgfältig ausgesuchten Zutaten. Probieren Sie z. B. ausgelöstes Krebsfleisch in Kokosmilch mit frischem Koriander oder Krabben in Maniokpüree. *So-Abend geschl. | Rua Odilon Santos 45 | Rio Vermelho | Tel. 071 33 29 30 16 |* €€–€€€

INSIDER TIPP DONANA

Wegen der duftenden Krabben-Moquecas kommen die Leute in dieses einfache Restaurant in Brotas (oder in die Filiale in Vilas do Atlántico). *Nur mittags, Mo geschl. | Rua Teixeira Barros | Endstation Brotas | Tel. 071 33 51 82 16 |* €

MISTURA

Fisch und Meeresfrüchte auf mediterrane Art, auch großartige Pasta (Spaghetti mit Meeresfrüchten!). *Tgl. | Rua Professor Sousa Brito 41 | Farol de Itapuã | Tel. 071 33 75 26 23 |* €€–€€€

INSIDER TIPP PARAÍSO TROPICAL

Paradiesisch-tropisch: Probieren Sie einen Meeresfrüchteeintopf nach Art des Hauses und zum Abschluss ein „Fruchtbankett". *Tgl., So-Abend geschl. | Rua Edgard Loureiro 98 | Cabula | Tel. 071 33 84 74 64 |* €€–€€€

RAMMA

Leichte vegetarische Küche vom Büfett im 1. Stock eines Kolonialhauses. Gönnen Sie sich hinterher ein Eis schräg gegenüber beim *Glacier Laporte (tgl. 10–20 Uhr)*, köstlich! *Nur mittags, So geschl. | Praça do Cruzeiro de São Francisco 7 | Pelourinho | Tel. 071 33 21 04 95 |* €

SOHO

Angesagter Japaner mit toller Lage im Yachthafen. Auf der Terrasse sitzen Sie

Familienleben unter Sonnenschirmen am Strand von Salvador

überm Meer. *Mo-Mittag geschl. | Av. do Contorno 1010 | Tel. 071 33 22 45 54 | €€*

LA TAPERIA
Hier gibt es spanische Küche zu fairen Preisen. Unkonventionell und lecker, deshalb immer voll. *Nur abends, Mo geschl. | Praia da Paciência 251 | €–€€*

EINKAUFEN

Beim Bummel durchs Pelourinho-Viertel achten Sie auf diese Läden: die *Casa de Oxum (Rua Maciel de Baixo 18)*, die Drucke von Carybé verkauft, auf *Didara (Rua Maciel de Baixo 20)* mit Mode im Ethnolook, auf den Laden der Modedesignerin *Marcia Ganem (Rua das Laranjeiras 10)*, auf die Webarbeiten von *Marta Muniz (Rua João de Deus)* sowie auf die Musikinstrumente von *Mestre Lua (Rua Inácio Aciole 3)*. In der *Fundação Pierre Verger Galeria (zw. Praça da Sé und Elevador Lacerda)* werden Drucke und Bücher des Fotografen Pierre Verger verkauft.

AM ABEND

Fußgängerzonen und Beleuchtung haben die Strandviertel Barra und Rio Vermelho wieder zu beliebten Ausgehvierteln gemacht. Auf den Plätzen Largo de Santana und da Mariquita stehen Tische und Stühle, vor den Baianas bilden sich Schlangen. An der Marina trifft sich die Jeunesse dorée zum Sundowner im *Acqua Café*, im *Café do Forte (Av. do Contorno 1010)* oder in einem der Restaurants. Im historischen Zentrum trifft man sich auf der romantischen *Veranda (Rua Direita do Santo Antônio 2)* des Boteco am Cruz do Pascoal, um den Sonnenuntergang zu genießen. In Rio Vermelho liegen die meisten Bars und Clubs, ob schick wie das *Pink Elephant (Rua João Gomes 246)* oder alternativ wie der *Espaço Cultural Casa da Mãe (Rua Guedes Cabral 81)*.

ACONCHEGO DA ZUZU
In der einfachen Bar im Innenhof gibt es Samba und Chorinho, Hausmannskost und kaltes Bier. *Do–So Livemusik ab 20 Uhr | Rua Quintino Bocaiúva 18 | Fazenda Garcia | Tel. 071 33 31 50 74*

INSIDER TIPP O CRAVINHO
In dieser urigen Bar gibt es leckeren mit Kräutern angesetzten Zuckerrohrschnaps. Im hinteren Bereich treffen sich die Sambistas. *Tgl. | Terreiro de Jesus 3 | Tel. 071 31 76 42 00*

ÜBERNACHTEN

Sie sollten sich entscheiden: Entweder Sie bleiben im historischen Zentrum, oder Sie suchen sich ein Quartier außerhalb am Strand. Die Fahrzeit von Itapuã ins Zentrum liegt bei rund einer Stunde mit dem Bus, ein Taxi kostet etwa 70 R$.

INSIDER TIPP ARAM YAMI
Geschmackvoll eingerichtetes Hotel im Pelourinho-Viertel für den besonderen Aufenthalt. *5 Zi. | Rua Direita do Santo Antônio 132 | Tel. 071 32 42 94 12 | www.hotelaramyami.com | €€€*

CASA DO AMARELINDO
Charmantes Hotel im Pelourinho-Viertel mit Pool und Frühstück zu jeder Tageszeit. *10 Zi. | Rua das Portas do Carmo 6 | Tel. 071 32 66 85 50 | www.casadoamarelindo.com.br | €€–€€€*

CASA DA VITÓRIA
Pousada im noblen Corredor da Vitória mit schönen Zimmern; Frühstück an einem langen Tisch. *7 Zi. | Rua Al. de Carvalho 95 | Vitória | Tel. 071 30 13 20 16 | www.casadavitoria.com | €€*

MAR BRASIL

Für Strandurlaub sind Sie hier, in der Nähe des Leuchtturms von Itapuã, richtig. Zum Komplex gehört das ehemalige Wohnhaus des Dichters Vinícius de Morais. *66 Zi. | Rua Flamengo 44 | Farol de Itapuã | Tel. 071 32 85 73 39 | www.marbrasilhotel.com.br* | €€

POUSADA CASA VILA BELA

Die Pousada bietet einfache, aber liebevoll eingerichtet Zimmer – einige mit Blick auf die Bucht, genau wie die Frühstücksterrasse –, faire Preise und exzellenten Service. *8 Zi. | Rua do Carmo 46 | Santo Antônio | Tel. 071 32 43 09 09 | www.pousadacasavilabela.com.br* | €€

AUSKUNFT

Infostellen der *Bahiatursa* in der Altstadt und am Flughafen *(www.bahiatursa.ba.gov.br | www.saltur.salvador.ba.gov.br)*. Organisierte Führungen und Ausflüge: *Falko Petzold (Tel. 071 33 74 04 37 | 091 22 57 11 | falko.petzold@gmx.net)*.

ZIELE IN DER UMGEBUNG

CACHOEIRA/SÃO FÉLIX

(144 C6) (*🕮 J4*)

Ein Ausflug ins 120 km entfernte Cachoeira (32 000 Ew.) gleicht einer Reise in die koloniale Vergangenheit. Die Stadt am Rio Paraguaçu war einst ein wichtiger Umschlagplatz für Zucker, Tabak und Sklaven. Über die Eisenbrücke kommen Sie nach São Félix, wo Sie im *Centro Cultural Dannemann (Di–Sa 7–17 Uhr | Av. Salvador Pinto 29)* beim Zigarrendrehen zuschauen können.

Archaische Landschaft: Tafelberge in der Chapada Diamantina

CHAPADA DIAMANTINA ★

(144 A6) (*🕮 J4*)

Tafelberge, Tropfsteinhöhlen, Wasserfälle, historische Städtchen: Im Nationalpark Chapada Diamantina, 400 km westlich von Salvador, können Sie wandernd ein kühles Gebirgsklima genießen und ● in klaren Nächten Sternschnuppen zählen; Millionen von Sternen glitzern am Firmament. Das von Diamantensuchern gegründete *Lençois* hat seinen Kolonialcharme bis heute erhalten. Ein tolles Frühstück bekommen Sie im INSIDER TIPP *Estalagem de Alcino (8 Zi. | Rua Tomba Surrão 139 | Tel. 075 33341171 | www.alcinoestalagem.com | €)*. Probieren Sie das Gulasch der *Cozinha Aberta (tgl. | Av. Rui Barbosa 42 | Tel. 075 33341321 | €)*. Im nahen *Vale do Capão* genießen Sie als Übernachtungsgast die freundliche Atmosphäre und den herrlichen Blick in der *Villa Lagoa das Cores (12 Zi. | Rua da Lagoa | Tel. 075 33441114 | www.lagoadascores.com.br | €€)*.

COSTA DO DENDÊ (141 E6) *(J4)*

Mit dem Katamaran kommen Sie in 2 Std. aus dem Stadtzentrum auf die *Ilha de Tinharé*, eine autofreie Insel mit dem Hauptort *Morro de São Paulo* und langen Stränden. Wer es ruhig mag, wird die weiter südlich liegende Insel Boipeba lieben – mit palmengesäumten Stränden und einfachen Pousadas. Beide Inseln gehören wie die *Península de Maraú* zur Küste des Dendê, einer Region mit Palmölplantagen, Früchten und überwiegend afro brasilianischer Bevölkerung.
Morro hat viele Pousadas, Restaurants und ein reges Nachtleben. Abseits vom Trubel bleiben Sie in der *Pousada Colibri (10 Zi. | Tel. 075 36521056 | www.pousada-colibri.com | €)* mit Panoramablick, Pool und deutschen Gastgebern. Ab dem Vierten Strand wird's einsam. Hier haben Sie Ruhe, z. B. in der *Vila dos Orixás Boutique & Spa (10 Zi. | Quinta Praia | Tel. 075 36522055 | www.viladosorixas.com | €€–€€€)*.
Die *Ilha de Boipeba* ist ein verträumter Ort. Eine INSIDER TIPP schöne Strandwanderung führt von Boipeba nach Moreré. Unterwegs können Sie im *Mar e Coco (tgl., nur mittags | Praia de Moreré | €)* eine Krabben-Moqueca essen. Am Abend gibt es kreative Küche im *Santa Clara (nur abends, Mo geschl. | Boca da Barra | Tel. 075 36536085 | €)*, auch Pousada. Übernachten Sie in den bunten Holzhäusern der *Pousada Vila Sereia (4 Zi. | Boca da Barra | Tel. 075 36536045 | www.vilasereia.com.br | €€)* direkt am Strand. Unvergesslich ist die Aussicht aus den Chalets der *Pousada Mangabeiras (9 Zi. | Boca da Barra | Tel. 075 36536153 | www.pousadamangabeiras.com.br | €€–€€€)*, wenn über dem Mangrovendelta die Sonne untergeht.
Seit die Straße bis Itacaré asphaltiert wurde, ist auch die Maraú-Halbinsel leichter zu erreichen. Palmengesäumte Strände, Naturschwimmbecken mit transparentem Wasser auf der Atlantikseite, Lagunen mit kühlem Wasser im Inneren und zum Festland begrenzt von einer Bucht mit Mangroven und Inseln. Hauptort ist *Barra Grande* an der Nordspitze, wo Sie einen tollen Sonnenuntergang beobachten können, z. B. in der *Denada Posada (8 Zi. | Rua Vasco Neto 10 | Tel. 073 32586444 | www.denadaposada.com | €€)*.

INSIDER TIPP **ITACARÉ** (141 E6) *(J4)*

Nach Itacaré (26 000 Ew.) kamen zuerst die Surfer. Die Strände *Tiririca* und *Prainha* sind in ganz Brasilien bekannt. Der „Stadtstrand" ist die *Praia da Concha* mit ruhigem Wasser, Strandbars und Pousadas. Bleiben Sie in der schönen *Pousada Villa Maeva (11 Zi. | Tel. 073 32513490 | www.villamaeva.com.br | €€–€€€)*. Probieren Sie gegrillten Fisch oder Krabben-Moqueca an den Strandbars der Praia da Concha. Besonders empfehlenswert: *Cabana do Amigão* und *Ximbica*. Ein Geheimtipp ist die köstliche INSIDER TIPP „Moqueca da Tia Dete" in dem unscheinbaren Restaurant neben der Tankstelle im Zentrum *(Av. Castro Alves | Tel. 073 32512810 | €)*. Im *Flor de Sal (nur abends, So geschl. | Rua Lodônio*

Almeida 60 | €€) genießen Sie internationale Küche in nettem Ambiente.

Zu den außerhalb liegenden Stränden müssen Sie mit dem Auto oder dem Bus fahren: ★ *Havaizinho* z. B. ist eine atemberaubend schöne kleine Bucht, die nur 5 Min. zu Fuß von der Straße entfernt liegt. *Engenhoca* ist in 20 Min. zu Fuß über einen Trampelpfad zu erreichen.

PORTO SEGURO, ARRAIAL D'AJUDA, TRANCOSO (143 F1) *(🕮 J5)*

Im Süden Bahias (700 km von Salvador) liegt *Porto Seguro*, der Ort, in dessen Nähe portugiesische Seeleute erstmals brasilianischen Boden betraten. Aus dem Fischerdorf wurde ein vielbesuchter Ferienort; in den Strandbars ist das ganze Jahr über Party. Wenn Sie nördlich von Porto Seguro mit der Fähre übersetzen, kommen Sie nach *Santo André*, wo das deutsche Team Energie fürs WM-Finale 2014 tankte. Bleiben Sie zum Mittagessen in der *Pousada Victor Hugo (10 Zi. | Av. Beira-Mar | Tel. 073 9 94 35 54 30 | www.pousadavictorhugo.com | €€)*. Richtung Süden über den Fluss liegt *Arraial d'Ajuda* mit Pousadas und Restaurants sowie einer tollen Steilküste. Die schönsten Strände und Pousadas gibt's um *Trancoso*, dessen Dorfplatz *Quadrado* seinen ursprünglichen Charme bewahrt hat. Hier essen Sie Fisch im *Capim Santo (nur abends, So geschl. | €€)*. Übernachten Sie in der *Pousada Ouro sobre Azul (6 Zi. | Rua do Bom Jesus 196 | Tel. 073 36 88 19 11 | www.pousadaourosobreazul.com.br | €€–€€€)*, einem wunderschönen Haus mit persönlichem Service.

PRAIA DO FORTE, IMBASSAÍ (145 D6) *(🕮 J4)*

Aus dem 90 km von Salvador entfernten Fischerdorf *Praia do Forte* ist ein sympathischer Ferienort geworden. Die *Pousada Farol das Tartarugas (13 Zi. | Rua Martim Pescador | Tel. 071 36 76 15 12 | www.faroldastartarugas.com.br | €€€)* liegt aber direkt am Strand. Besuchen Sie das Schildkrötenprojekt *Tamar* (s. S. 120), das hier seinen Hauptsitz hat. Im nahen *Imbassaí* geht es noch gemächlich zu. Hier fließt ein Fluss ins Meer, auf der Düne liegen die Strandbars und die *Pousada entre as Águas (11 Zi. | Tel. 071 36 77 10 18 | www.entreasaguas.com.br | €–€€)*. Die beste *moqueca* gibt's im *Sombra da Mangueira (tgl. 10–17 Uhr | Vila do Diogo | Linha Verde, km 68 | €)*, einen Ort weiter. Gut für Familien geeignet ist das *Coco Beach (22 Zi. | Estrada da Barra do Itarirí | Tel. 075 34 49 11 71 | www.cocobeach.ch | €–€€)* am Meer bei Sítio do Conde.

SÃO LUÍS

(140 C3) *(🕮 H2)* **Durch die Gassen der historischen Altstadt von São Luís hallen Reggaerhythmen oder die Trommelklänge der Bumba-meu-Boi-Gruppen.**

Die von den Franzosen gegründete Hauptstadt des Bundesstaates Maranhão ist trotz der Größe (1 Mio. Ew.) eine Provinzstadt geblieben. Maranhão, so groß wie Frankreich, wurde durch den Abbau von Eisenerz reich. Der Reggae hat seit den 70er-Jahren die Herzen der Einwohner erobert. Auf der anderen Seite des Rio Anil liegt der moderne Bereich mit Hotels, Restaurants, Stränden.

SEHENSWERTES

Neben dem *Palácio dos Leões*, dem alten *Fort (Av. Dom Pedro II)*, gibt es prächtige Kolonialgebäude, in denen Kulturzentren und Museen untergebracht sind, wie das *Museu Histórico e Artístico do Maranhão* und das *Museu de Arte Sacra (Di–So 9–17.30 Uhr | 5 R$ | Rua do Sol 302)*, wo

In der Altstadt von São Luís fühlt man sich zurückversetzt in koloniale Zeiten

Sie einen Eindruck vom einstigen Leben der Kolonialherren bekommen.

ESSEN & TRINKEN

BIANA BISTROT

Strandrestaurant mit Fisch und Meeresfrüchten. *So-Abend und Mo geschl. | Av. Litorânea 11b | Calhau | €€*

MARANCANGALHA

Cuxá ist eine Mischung aus Maniokmehl, Kräutern und getrockneten Krabben, die mit Reis gemischt wird. Dazu gibt's gegrillten Fisch und Meeresfrüchte. *So-Abend geschl. | Rua Mearim 13 | Renascença II | Tel. 098 32 35 93 05 | €–€€*

AM ABEND

Reggae gibt es in der *Bar do Nelson (Sa ab 21 Uhr | Av. Litorânea 508 | Calhau)* und in der *Bar do Porto (Mi ab 20 Uhr | Rua do Trapiche 49)*. Kaltes Bier und Kleinigkeiten unter Mangobäumen gibt es im *Antigamente (So geschl. | Rua da Estrela 220 | €)* im Herzen der Altstadt.

ÜBERNACHTEN

L'AUTHENTIQUE CRISTAL

Modernes Hotel an der Strandpromenade, alleinreisende Frauen werden besonders umsorgt. *60 Zi. | Rua Atlântica 3, Q24 | Calhau | Tel. 098 40 09 19 19 | €€*

ZIEL IN DER UMGEBUNG

LENÇÓIS MARANHENSES ★

(141 D3) *(H–J2)*

An ausgebreitete Bettlaken erinnert das Bild aus der Luft. In den Senken der Sanddünen des 270 km entfernten Nationalparks sammelt sich in der Regenzeit Wasser. Beste Reisezeit ist Juni bis Oktober. Die *Pousada Oceana Atins (4 Zi. | Av. Beira Mar | Tel. 098 88 25 10 08 | www.oceanoatins.com | €€)* in Atins liegt direkt am Strand. In Barreirinhas gibt es mehrere Unterkünfte, wie die schöne Pousada *Sossego do Cantinho (4 Chalets | Rua Principal 2 | Tel. 098 33 49 07 53 | www.sossego-do-cantinho.com.br | €)*. Organisierte Touren werden von São Luís aus angeboten.

AMAZONIEN

Schon Stunden bevor das Flugzeug zur Landung in Manaus ansetzt, breitet sich der Regenwald aus wie ein riesiger Brokkoli, zerschnitten von mäandernden Flüssen – keine Straße, keine größere Ansiedlung ist zu sehen.

Der Amazonas-Regenwald bedeckt die Hälfte Brasiliens, ein Gebiet mehr als zehnmal so groß wie Deutschland. Der wichtigste Transportweg in dieser Wildnis ist der Fluss. Die Portugiesen errichteten Festungen an der Mündung des Amazonas in Belém, an der engsten Stelle in Óbidos und in Manaus am Zusammenfluss des Rio Negro mit dem Rio Solimões. Ab Ende des 19. Jhs. brachte der Kautschukboom der Region Reichtum. Gold, Rohstoffe und Tropenhölzer ziehen noch immer Glücksritter an. Wer in das Amazonasgebiet reist, möchte den Urwald erleben. Das geht am besten bei einem Aufenthalt in einer Lodge, einem Hotel im Dschungel. Die meisten Lodges erreichen Sie von Manaus aus, die schönste Stadt Amazoniens aber ist Belém am südlichen Amazonasdelta.

BELÉM

(140 B2) (*⊞ G2*) **Die Hauptstadt (1,4 Mio. Ew.) des Bundesstaats Pará zeugt mit vornehmen Belle-Époque-Bauten und schattigen Plätzen vom einstigen Reichtum der Kautschukzeit.**

Restaurierung und Revitalisierung der ab Mitte des 20. Jhs. verfallenen Stadt haben *Belém* mit neuen Parkanlagen, Mu-

 Bild: Rio Negro bei Manaus

Der verblichene Glanz vergangener Boomzeiten verbindet sich mit aufregender Urwaldatmosphäre und exotischem Getier

seen und Vergnügungsmeilen heute zu einem touristischen Kleinod gemacht, das sich auch zu Fuß gut entdecken lässt. Aber: In der Dunkelheit und besonders am Wochenende, wenn die Stadt leerer ist, muss man in den kleineren, dunkleren Straßen des Zentrums vorsichtig sein.

SEHENSWERTES

BOSQUE RODRIGUES ALVES II.

Beim Spaziergang durch den Regenwald des botanischen Gartens bekommt man einen Eindruck von der Flora und Fauna Amazoniens. *Di–So 8–17 Uhr | 2 R$ | Av. Almirante Barroso 2305*

FORTE DO PRESÉPIO

Hier wurde die Stadt gegründet. Von der ersten Festung, die die Portugiesen 1616 zum Schutz der Amazonasmündung bauten, haben Sie einen schönen Blick auf den Fluss, den Markt und die Altstadt mit ihren gefliesten Fassaden und Balkonen. Im *Museu do Encontro (Di–Fr 10–18, Sa/ So 9–13 Uhr | 2 R$ | Praça Dom Frei C.*

Ein Händler auf dem Ver-o-Peso-Markt bietet Zitrusfrüchte an

Brandão) sind Zeugnisse der portugiesischen Kolonisation im Amazonasgebiet ausgestellt. Gegenüber der Festung liegt die *Casa das Onze Janelas (Praça Dom Frei C. Brandão)*. Dort können Sie Bilder brasilianischer Modernisten sehen und das charmante Boteco besuchen. Zu Füßen des Forts liegt die *Feira do Açaí,* wo die Boote aus dem Flussdelta schwerbeladen mit lilafarbenen Palmfrüchten anlegen. Im Amazonasgebiet wird die proteinhaltige Fruchtgrütze *açaí* gern als Beilage zum Fisch gegessen. Im übrigen Brasilien hat sich Açaí als Süßspeise durchgesetzt. Probieren Sie am Flussufer im *Point do Açaí (Av. Blvd. Castilhos França 744)*.

MANGAL DAS GARÇAS

4 ha großer Park am Flussufer des Rio Guamá. Vom Leuchtturm auf dem Gelände hat man einen großartigen Blick auf Belém. Im Park gibt's Volieren, einen Orchideenpavillon, das *Museu Amazônico* sowie einen Laden für Kunsthandwerk. Das Restaurant *Manjar das Garças (So-Abend und Mo geschl. | €€)* lohnt wegen des phantastischen Blicks und der interessanten Küche. *Di–So 9–18 Uhr | Eintritt frei, Besuch der Attraktionen je 3 R$ | Passagem Carneiro da Rocha*

MUSEU PARAENSE EMÍLIO GOELDI

Das 1866 gegründete Forschungszentrum ist führend in der Amazonasforschung. Ein Besuch lohnt wegen der archäologischen und indianischen Objekte und wegen des zoologisch-botanischen Gartens. *Di–Fr 9–17, Sa/So 9–15 Uhr | 3 R$ | Rua Magalhães Barata 376*

TEATRO DA PAZ

Die Mailänder Scala war Vorbild für das neoklassizistische Gebäude am Kopfende der von Mangobäumen gesäumten *Praça da República.* Wie in Manaus hatte auch hier der Kautschukboom Ende des 19. Jhs. für unermesslichen Reichtum gesorgt und architektonische Stilblüten getrieben. *Besichtigung Di–Fr 9–17, Sa 9–12 Uhr | 4 R$ | Rua da Paz*

VER-O-PESO-MARKT ★

Tucunaré, Pirarucu, Dourados – Fische, einer größer als der andere, werden täglich in den Markthallen angeboten. Hunderte von Ständen mit tropischen Früchten, Wurzeln und Kräutern gruppieren sich um die Stahlkonstruktion, die während des Kautschukbooms aus Europa importiert wurde. An den Ständen können Sie *açaí*, *maniçoba*, einen an Grünkohl erinnernden deftigen Eintopf aus gemahlenen Maniokblättern, oder die sämige Suppe *tacacá* (s. u.) probieren.

ESSEN & TRINKEN

HAKATA

In Pará lebt die zweitgrößte japanische Kolonie Brasiliens. Zu den traditionellsten Adressen gehört dieses Restaurant. *Tgl. | Travessa 14 de Abril 1128 | Tel. 091 32 49 05 97 | €–€€*

LÁ EM CASA

Paranensische Kochkunst mit Tradition. Ein Menü führt in die Tiefen der exotischen Küche ein, z. B. Ente mit Tucupi. *Tgl. | Estação das Docas Galpão 2 | Tel. 091 32 42 42 22 | €€*

REMANSO DO BOSQUE

Kreative Küche mit Zutaten aus dem Amazonasgebiet, probieren Sie das Menü, es lohnt sich! *So-Abend und Mo geschl. | Av. Rômulo Maiorana 2350 | Marco | Tel. 091 33 47 28 29 | €€–€€€*

INSIDER TIPP SORVETERIA CAIRU

Die verschiedenen Eissorten aus Tropenfrüchten, deren Namen schon im Rest Brasiliens kaum jemand kennt, können Sie in der besten Eisdiele der Stadt probieren. *Filialen im ehemaligen Gefängnis São José, an der Estação das Docas und beim Forte do Castelo*

INSIDER TIPP TACACÁ

Am Nachmittag öffnen die Stände, an denen *tacacá* verkauft wird. Tacacá ist eine Suppe aus dem gelblichen Tucupisaft und dickflüssiger Goma. Beides entsteht beim Pressen von Maniokwurzeln. Gekocht mit Jambublättern und Krabben, wird die Suppe in einer Kokosschale serviert, abgeschmeckt mit Koriander und Chili. Wundern Sie sich nicht, wenn Lippen und Zunge kribbeln, das kommt von den Jambublättern. Als die besten *tacaceiras* gelten *Dona Maria do Carmo (€)* vor dem Colégio Marista auf der Av. Nazaré und *Dona Miloca (€)* vor dem Goeldi-Museum.

EINKAUFEN

Vasen und Gefäße im Stile präkolumbischer Töpferarbeiten der Insel Marajó gehören zu den originellen Handwerksarbeiten, die in den Andenkenläden an-

MARCO POLO HIGHLIGHTS

★ Ver-o-Peso
Beléms exotischer Markt verleitet zum Probieren, Schauen und Staunen → S. 76

★ Teatro Amazonas
Italienischer Marmor und französische Gemälde bilden den Rahmen für große Oper in Manaus → S. 80

★ Regenwald
Frischer Fisch und warme Duschen in einer Urwaldlodge im tiefsten Dschungel Amazoniens → S. 81

★ Bootstouren auf dem Amazonas
Unvergessliche Eindrücke: die Farbenpracht des Himmels, die sich im glatten Wasser spiegelt → S. 83

geboten werden. Indianisches Kunsthandwerk wie Federschmuck, Ketten aus Samen und Nüssen, Flechtwerk und diverse Gebrauchsgegenstände gibt es bei *Artíndia (Mo–Fr 9–17 Uhr | Av. Presidente Vargas 762)*.

AM ABEND

Die höchste Konzentration an Bars und Restaurants gibt es entlang der Av. Almirante Wandenkok im Stadtteil Umarizal.

Alltag auf Marajó, der großen Flussinsel im Amazonas-Delta

INSIDER TIPP BOTECO DAS ONZE JANELAS

Das Barrestaurant in der ehemaligen Residenz eines Zuckerbarons ist eine der charmantesten Adressen der Stadt, herrlicher Blick von der Terrasse. Im Haus ist auch brasilianische Gegenwartskunst ausgestellt. *Mo-Mittag geschl. | Praça Dom Frei C. Brandão* | €€

ESTAÇÃO DAS DOCAS

Die renovierten Lagerhallen am Fluss profitieren abends von der kühlen Brise am Wasser. In den Restaurants gibt's regionale Spezialitäten, aber auch Pasta und Pizza. Do–Sa häufig Livemusik.

ÜBERNACHTEN

ATRIUM HOTEL QUINTA DAS PEDRAS

Geschmackvoll restauriertes Gebäude mit modernem Innendesign in der Altstadt. *59 Zi. | Rua Dr. Assis 834 | Cidade Velha | Tel. 091 31 99 16 03 | www.atriumhoteis.com.br* | €€

ECOPOUSADA MIRITI

Eine grüne Oase im Zentrum von Belém, familiär und mit ökologischem Bewusstsein. *11 Zi. | Trav. Padre Prudêncio 656 | Campina | Tel. 091 32 52 22 18 | www.miritipousada.com.br* | €

RADISSON MAIORANA

Neueres Hotel, das mit großen Zimmern und einer guten Lage punktet. *139 Zi. | Av. Braz de Águiar 321 | Nazaré | Tel. 091 32 05 13 99 | www.atlanticahotels.com.br* | €€–€€€

AUSKUNFT

PARATUR
Praça Waldemar Henrique/Av. Assis de Vasconcelos (sowie Außenstelle am Flughafen) | Tel. 091 32 42 11 18 | www.paraturismo.pa.gov.br

ZIELE IN DER UMGEBUNG

MARAJÓ (140 B2) (*G1–2*)
Die größte Flussinsel der Welt von der Größe der Schweiz liegt in der Amazonasmündung. Im Westen ist sie von Dschungel bedeckt, in den Savannen grasen Wasserbüffel. Besuchen Sie die Fazenda *São Jerônimo* und probieren Sie Büffelfilet und -käse. Schön ist die Keramik der früher hier lebenden Marajó-Indianer. Im Umkreis der Hauptstadt Soure liegen schöne Flussstrände wie *Araruna* oder *Barra Velha*. Übernachten Sie z. B. im *Casarão da Amazônia (10 Zi. | Quarta Rua 626 | São Pedro | Tel. 091 37 41 19 88 | www.casaraoamazonia.com.br | €)*. *Anfahrt (2 Std.) mit dem Tapajós-Express (www.tapajosexpresso.com.br | 50 R$)*

MOSQUEIRO (140 B2) (*G2*)
Die besten Strände liegen 70 km nordöstlich von Belém bei Mosqueiro. Alle 30 Min. fährt ein Bus ab Busbahnhof. Wem ein Tagesausflug zu stressig ist, der kann auch übernachten; es gibt Hotels und Pensionen.

MANAUS

(139 D3) (*E2*) **Die Ankunft in der Stadt ist eher enttäuschend: der Flughafen kaum mehr als eine Landebahn, der Autoverkehr im Dauerstau, die Stadt eine Aneinanderreihung gesichtsloser Wohnviertel, Militärsiedlungen und Industriekomplexe.**

Manaus (2 Mio. Ew.) ist die Hauptstadt des größten Bundesstaates: Amazonas – gut viermal so groß wie Deutschland. Nicht Flugzeug oder Auto bestimmen das Leben, sondern der rege Schiffsverkehr. Von der turbulenten Hafen- und Marktgegend kommt man ins alte Zentrum mit dem Opernhaus, in dessen Nähe die wenigen restaurierten Straßenzüge liegen. Die wohlhabenden Manauenser haben sich außerhalb der Stadt, in Ponta Negra, Apartments gekauft. Der 12 km vom Zentrum entfernte Strandvorort ist an den Wochenenden ein beliebtes Ausflugsziel. Das *Encontro das Águas,* das Zusammentreffen der braunen Wasser des Rio Solimões und der schwarzen des Rio Negro, können Sie vom Boot aus beobachten, am einfachsten mit einer organisierten Tour, z. B. bei *Amazon Explorers (amazonexplorers.tur.br).*

SEHENSWERTES

HAFEN UND MARKT
Der Hafen mit den Anlegern, an denen Boote zum Be- und Entladen festmachen, ist das pulsierende Herz von Ma-

LOW BUDG€T

Haben Sie schon einmal rosa Flussdelphine gefüttert? Das können Sie in Novo Airão, das 150 km von Manaus stromaufwärts am Südufer des Rio Negro liegt und über eine gute Straße zu erreichen ist. Dona Marilda, die Besitzerin der *Pousada Bela Vista (Tel. 092 33 65 10 23 | www.pousada-belavista.com)*, hatte die Idee, die rosa Schnabeldelphine mit Fisch anzulocken. Und die Übernachtung kostet nur 30 Euro pro Nacht.

naus. Zum Hafenkomplex gehören u. a. das *Zollhaus (Rua M. de Santa Cruz)*, das Stein für Stein aus England importiert wurde und die flussabwärts gelegenen Markthallen des *Mercado Municipal (Rua dos Barés 46 | Centro)*, deren Eisengerüst an Les Halles in Paris erinnert.

ESSEN & TRINKEN

BANZEIRO

Amazonasfisch: Probieren Sie Tambaqui in Cashew-Kruste! *Tgl. | Rua Libertador 102 | N. S. das Graças | Tel. 092 32 34 16 21 |* €€

Prachtvolle Kuppel des Teatro Amazonas von Manaus

TEATRO AMAZONAS ★

Das vielleicht schönste Opernhaus der Welt ist das Wahrzeichen von Manaus und ein Sinnbild für die Epoche des sagenhaften Kautschukbooms: italienischer Marmor, englisches Schmiedeeisen und französische Gemälde wurden eigens aus Europa importiert – nur die Hölzer kamen aus Brasilien. Der Platz am Opernhaus mit seinen vielen Bars und Geschäften ist vor allem am späten Nachmittag zu einem beliebten Treffpunkt geworden. Jedes Jahr im Mai gibt es ein legendäres Opernfestival, zu dem Opernfreunde aus aller Welt anreisen (s. S. 122). *Mo–Sa 9–17 Uhr | 20 R$ | Rua Tapajós | Praça São Sebastião | Centro*

CANTO DA PEIXADA

Familiäres Fischrestaurant an einer Straßenecke mit Tischen auf dem Bürgersteig; das Preis-Leistungs-Verhältnis stimmt. *So-Abend geschl. | Rua Emilio Moreira 1677 | Tel. 092 32 34 30 21 |* €€

CHOUPANA

Gemütliches Restaurant mit Gerichten aus dem Amazonasgebiet. *So-Abend und Mo geschl. | Av. Mario Ypiranga 790 | Adrianópolis | Tel. 092 36 35 38 78 |* €€

INSIDER TIPP PEIXARIA PORAQUÊ

Einfaches, offenes Fischrestaurant: Amazonasfische gegrillt, gebraten oder als Eintopf. *Tgl. | Rua Raimundo Nonato de*

Castro 203 | Santo Agostinho | Tel. 092 36 58 58 60 | €

SORVETERIA GLACIAL

Das Eis aus Tropenfrüchten wie *cupuaçu*, *açaí* oder *bacuri* sollte man unbedingt einmal probieren. Es gibt mehrere Filialen in der Stadt: an der *Praça da Matriz*, der *Av. Eduardo Ribeiro*, in *Ponta Negra* oder im *Amazonas Shopping Center*.

INSIDER TIPP TACACÁ DE GISELA

Ab dem späten Nachmittag bilden sich Schlangen von hungrigen Menschen, die geduldig darauf warten, dass Gisela ihre Tacacá-Töpfe mit der heißen, scharfen Suppe aus Manioksaft, Jambublättern und Krabben anschleppt. An manchen Tagen gibt es dazu Livemusik auf dem Platz vor dem Teatro Amazonas. *Largo São Sebastião | Centro | Tel. 092 88 01 49 01 |* €

EINKAUFEN

Regionaltypisches Kunsthandwerk wie Flechtwaren, Schmuck und geschnitzte Kalebassen gibt es sonntagmorgens an den Flohmarktständen der Avenida Eduardo Ribeiro, in den Andenkenläden der Museen, in Geschäften beim Opernhaus sowie bei der *Central de Artesanato Branco e Silva (Rua Recife 1999 | Parque 10)*. Die staatliche Indinanerbehörde *FUNAI* bietet indianisches Kunsthandwerk in der *Loja da Artíndia (Rua G. Moreira/Praça Tenreiro Aranha | Centro)* an.

FREIZEIT & SPORT

ANGELN

Als beste Zeit zum Fischen in den Flüssen der Amazonasregion gilt die Trockenzeit von Juli bis Dezember. Angelreisen bietet z. B. der deutsche Biologe Heinz Boeckler an *(www.gaponga.de)*.

AM ABEND

AÇAÍ & COMPANHIA

Typisches Barrestaurant mit gezapftem Bier und Essen. Probieren Sie mal ein Sandwich de Tucumã, ein Brötchen mit dem gelblichen Fruchtfleisch einer Palme. Fr/Sa abends Livemusik. *Rua Acre 98 | Vieralves | Tel. 092 36 35 36 37*

BAR DO ARMANDO

In der Nähe des Opernhauses gelegen, am Wochenende mit Livemusik. *So geschl. | Rua 10 de Julho 593*

ÜBERNACHTEN

CASA TEATRO

Sehr kleine Zimmer, aber nette Atmosphäre in der Nähe des Opernhauses. *9 Zi. | Rua 10 de Julho 632 | Centro | Tel. 091 36 32 83 81 | www.casateatro.com.br |* €–€€

GO INN

Neues Hotel in Fußnähe vom Teatro Amazonas; kleine, aber saubere Zimmer. *215 Zi. | Rua Monsenhor Coutinho 560 | Tel. 092 33 06 26 00 | www.atlanticahotels.com.br |* €

HOLIDAY INN

Modernes Hotel mit großen Zimmern und gutem Service. *238 Zi. | Av. Gen. Rodrigo Otávio 3721 | Crespo | Tel. 091 31 82 01 00 | www.holidaymanaus.com.br |* €€€

URWALDLODGES

Die meisten Touristen möchten den ★ *Regenwald* einmal hautnah erleben. Deshalb sind seit den 1990er-Jahren im Umkreis von Manaus mehrere Dutzend Unterkünfte gebaut worden – vom Fünf-Sterne-Hotel bis zur rustikalen

Lodge. Normalerweise bleiben die Gäste mehrere Tage in einer Lodge (immer mit Vollpension), da die Anreise oft schon einen halben Tag in Anspruch nimmt. Während des Aufenthalts werden von ortskundigen Führern diverse Aktivitäten wie Bootstouren, Dschungelwanderungen, Kaiman-Spotting und Piranha-Angeln angeboten. Der Aufenthalt ist wegen der aufwändigen Logistik recht teuer, aber auf eigene Faust kann man den Urwald nun mal nicht erkunden. Bei der Auswahl der Lodges waren u. a. die Distanz zu Manaus (je dichter an der Stadt, desto größer die Auswirkungen der Zivilisation), die Größe (keine Massenunterkunft) sowie die Bandbreite der Möglichkeiten entscheidend.

AMAZON TUPANA LODGE
(139 D3) *(🗺 E2)*
Die Lodge liegt am Rio Tupana südlich von Manaus. Der größte Teil der vierstündigen Anreise wird mit dem Kleinbus zurückgelegt. Authentische Athmosphäre, gegessen wird im Pfahlbaurestaurant. *12 Zi. | Tel. 092 92 21 54 99 | www.amazontupana.com* | €€€

ANAVILHANAS (139 D3) *(🗺 E2)*
Die Lodge liegt 160 km entfernt bei Novo Airão am Anavilhanas-Fluss-Archipel am linken Ufer des Rio Negro. Geschmackvoll eingerichtete Holzbungalows mit Warmwasser und Aircondition (aus Solarenergie), Pool mit Panoramablick, 3 Std. von Manaus mit Fähre und Auto. *20 Zi. | Tel. 092 33 65 10 42 | www.anavilhanaslodge.com* | €€€

INSIDER TIPP **CRISTALINO JUNGLE LODGE** (139 E5) *(🗺 F3)*
Rund 800 Km südlich von Manaus im südlichen Teil des Amazons-Regenwalds liegt eine der schönsten Dschungel-Lodges Brasiliens, in der Sie sogar Yogakurse belegen können. *Flug bis Alta Floresta, dann mit Auto und Boot | Tel. 066 35 21 13 96 | www.cristalinolodge.com.br* | €€€

Ins weit verzweigte Flusssystem des Amazonasgebiets dringt man nur mit dem Schiff vor

JUMA LODGE (139 D3) (*E2*)
Die rustikalen, aber großzügigen Holzhütten bieten einen schönen Blick auf einen See. Die Pfahlbauten sind mit Hängebrücken verbunden. Wegen des hohen Säuregehalts des Seewassers gibt es kaum Mücken, 3 Std. von Manaus. *20 Zi. | CEASA-Hafen, Richtung Süden | Tel. 092 32 32 27 07 | www.jumalodge.com.br* | €€€

INSIDER TIPP **MAMIRAUÁ INSTITUT/ UACARI LODGE** (138 C3) (*D2*)
Auf halbem Weg von Manaus zur kolumbianischen Grenze den Rio Solimões flussaufwärts geht's von Tefé *(1 Flugstd. von Manaus, Rico Linhas Aereas)* 2 Std. mit dem Boot in das Mamirauá-Reservat, die größte geschützte Flussaue Brasiliens. In der komfortablen schwimmenden Unterkunft lernen Sie viel über das Ökosystem Amazonien und haben Gelegenheit, mit den Wissenschaftlern zu diskutieren. *10 Zi. | Tel. 097 33 43 41 60 | www.pousadauakari.com.br* | €€€

TARIRI AMAZON LODGE
(139 D3) (*E2*)
Die rustikalen Pfahlbauten liegen rund zwei Stunden Bootsfahrt von Manaus entfernt den Rio Negro flussaufwärts. Die persönliche Atmosphäre, das freundliche Personal und das gute Essen machen den Unterschied. *10 Zi. | Lago Acajatuba | Tel. 092 91 37 19 25 | www.taririamazonlodge.com.br* | €€€

AUSKUNFT

CENTRAL DE ATENDIMENTO AO TURISTA
Im Flughafen (Tel. 0800 2 80 88 20), im Amazonas-Shopping-Center, im Stadtzentrum nahe dem Opernhaus (Av. Ed. Ribeiro 666 | Tel. 092 32 36 51 54). www.amazonastur.am.gov.br

Farbenprächtiger Urwaldbewohner: der Ara

ZIELE IN DER UMGEBUNG

BOOTSTOUREN AUF DEM AMAZONAS ★
Das „Zusammentreffen der Gewässer" des dunklen Rio Negro und des milchigbraunen Rio Solimões, die kurz hinter Manaus den Amazonas bilden, ist ein beliebter Tagesausflug. Über 10 km fließt das Flusswasser aufgrund unterschiedlicher Temperatur, Dichte und Strömung stromabwärts, ohne sich zu mischen. Mit zwei- oder dreistöckigen Amazonasschiffen sind auch mehrtägige Touren möglich. Zum Programm gehören Ausflüge mit kleineren Booten, Dschungeltouren und Angelstopps. Empfehlenswert ist *Amazon Clipper Tours (Rua Sucupiras 249 | Tel. 092 36 56 12 46 | www.amazonclipper.com.br)*. Während der 3–5 Tage dauernden Schifffahrt von Manaus nach Belém *(200–300 R$)* sehen Sie nicht viel mehr als braune Fluten und das Treiben auf dem Boot. Tickets gibt es an der *Estação Hidroviária* in Manaus, am *Terminal Hidroviário* in Belém oder über eine Agentur.

DER WESTEN

Brasília, die moderne Hauptstadt des Landes, ist das Eingangstor zum brasilianischen Westen. Die kühne Architektur der Stadt vom Reißbrett kontrastiert mit der Wildnis dieses Teils Brasiliens, wo neuzeitliches Agrobusiness auf unberührte Natur stößt.

Hier trifft der südliche Amazonas-Regenwald auf die Überschwemmungsgebiete des Pantanal, der wohl besten Region Lateinamerikas, um Tiere in freier Wildbahn zu beobachten. In den bergigen Hochplateaus stürzt das Wasser aus 100 m in die Tiefe, in den Flüssen ist es kristallklar mit Sichtweiten bis zu 30 m.

CITY **WOHIN ZUERST?**
Praça dos Três Poderes: Am Platz der Drei Gewalten liegen die Gebäude der Legislative, Exekutive und Jurisdiktion. Lassen Sie diesen kühnen Plan für das Brasilien der Zukunft als erstes auf sich wirken. Machen Sie dann eine Stadtrundfahrt mit dem Taxi oder dem grünen Touristenbus (Abfahrt am Shopping Brasília).

BRASÍLIA

(143 D1) (*G–H5*) **Einer Vision verdankt ★ Brasília seinen Ursprung: Präsident Juscelino Kubitschek träumte in den 1950er-Jahren von einer modernen Hauptstadt für das tropische Wirt-**

Bild: Oscar Niemeyers Kathedrale von Brasília

Der wilde Westen und die künstliche Kapitale: Hier faszinieren die futuristische Hauptstadt Brasília und das Naturparadies Pantanal

schaftswunderland, gelegen auf dem zentralen Hochland, dem Planalto.
Zwei Corbusier-Schüler, der Stadtplaner Lúcio Costa und der Architekt Oscar Niemeyer, verwirklichten den Traum einer futuristischen Metropole. Nur vier Jahren dauerte es, bis 1960 eine Stadt eingeweiht wurde, die bis heute in der Kühnheit ihres Projekts einzigartig ist: eine Hauptstadt, gebaut für den Autoverkehr, mit strenger Aufteilung der Lebens- und Arbeitsbereiche und identischen Wohnvierteln, eine Stadt, in der sich der Mensch der Planung und Organisation unterwerfen sollte.

Von oben betrachtet ist die Anlage Brasílias am besten zu verstehen: Deutlich ist die Silhouette eines Flugzeugs zu erkennen, der *Plano Piloto*. Eine gerade Ost-West-Achse, genannt *Eixo Monumental,* bildet den Flugzeugkörper, an den rechts und links die Tragflächen angesetzt sind. An der Flugzeugspitze, dem östlichen Ende des Eixo Monumental, liegt das Cockpit: die Regierungsgebäude, die *Esplanada dos Ministérios* und der

Präsidentenpalast. Die gebogene Nord-Süd-Straße, der *Eixo Rodoviário,* bildet die Mitte der zwei Tragflächen, genannt *Asa Norte* und *Asa Sul.* Hier befinden sich die Wohngebiete und die nach Funktionen geordneten Stadtsektoren: Banken-, Hotel- oder Botschaftssektor. Heute leben weniger als ein Fünftel der 2,8 Mio. Brasilienser innerhalb der Beamtenstadt; die Mehrheit wohnt in Satellitenstädten außerhalb. Im heißen und trockenen Brasília ist eine Stadtrundfahrt zu empfehlen. Der Besuch lohnt auch, wenn Sie nur einen halben Tag Zeit haben: Am besten vereinbaren Sie mit einem Taxifahrer, Sie zu den Sehenswürdigkeiten im Plano Piloto zu fahren.

SEHENSWERTES

CATEDRAL METROPOLITANA NOSSA SENHORA APARECIDA

16 gigantische weiße Betonbögen bilden eine nach oben geöffnete Blüte, daneben steht der Glockenturm. In dem verglasten und deshalb lichtdurchfluteten, runden Bau von Oscar Niemeyer schweben drei Engel in der Kuppel. *Tgl. 8–18 Uhr | Esplanada dos Ministérios*

PALÁCIO DA ALVORADA

Der „Palast der Morgenröte" ist der Wohnsitz des Präsidenten und liegt auf einer Halbinsel im Paranoá-See. Die gebogenen Betonsäulen sollen an die im Inland typischen Hängematten erinnern. *Mi 15–17 Uhr | Lago Norte*

Das Hochhaus scheint aus der Schüssel zu wachsen: das Parlamentsgebäude im Abendlicht

PRAÇA DOS TRÊS PODERES

Der „Platz der drei Gewalten" mit seinen Monumenten, Museen und Regierungsgebäuden zeigt die Synthese der Ideen Costas und Niemeyers. Der langgestreckte Regierungspalast, *Palácio do Planalto (So 9.30–14.30 Uhr),* scheint trotz seiner Größe über dem Boden zu schweben. Gegenüber liegt das ähnlich aussehende Gebäude des *Obersten Gerichtshofs*

(Sa/So 10–17.30 Uhr). Zum *Nationalkongress (tgl. 9–17 Uhr)* gehören die Kuppeln der Sitzungssäle, die rechts und links der zwei Bürotürme zu sehen sind: Das Parlament ist in der Kuppel untergebracht, der Senat in der Schale. Das Außenministerium, *Palácio do Itamarati (Mo–Fr 14–16, Sa/So 10–15 Uhr)*, dessen zierliche Bogenkolonnen sich im Wasser spiegeln, ist eines der elegantesten Gebäude Brasílias.

SANTUÁRIO DOM BOSCO

Die verschiedenen Blautöne der Glasfenster erzeugen im stimmungsvollen Innenraum der Kirche ein beruhigendes, sphärisches Licht. Der gewaltige Kristallleuchter wurde aus 7400 Murano-Gläsern zusammengesetzt. *Tgl. 7–19 Uhr | Av. W3 Sul, qd. 702, bl. B*

INSIDER TIPP TORRE DE TELEVISÃO

Der Fernsehturm liegt am höchsten Punkt der Zentralachse. Von seiner Plattform in 75 m Höhe eröffnet sich ein Panoramablick über die Stadt. Am Wochenende gibt es zu Füßen des Fernsehturms einen Flohmarkt mit Kunsthandwerk und Essensständen. *Fernsehturm tgl. 8–20 Uhr*

ESSEN & TRINKEN

CARPE DIEM

In dem Traditionsrestaurant mit netter Atmosphäre und einem guten, preisgünstigen Mittags- und Salatbüfett wurde schon immer heftig diskutiert. *Tgl. | Comércio Local Sul, qd. 104, bl D, lj. 1 | Tel. 061 33 25 53 00* | €

LA CHAUMIÈRE

Traditionsrestaurant mit französischer Küche, klein und bodenständig. *Mo geschl. | Comércio Local Sul, qd. 408, bl. A, lj.13 | Tel. 061 32 42 75 99* | €€€

NEW KOTO

Der Sushiman war vorher bei der japanischen Botschaft, exzellente Qualität von Sashimi und Sushi. *Mo geschl. | Comércio Local Sul, Qd. 212, Bl. C, Lj 20 | Tel. 061 33 46 96 68* | €€

TAYPA

Der peruanische Küchenchef hat vorher bei der Botschaft gekocht; erstklassiges Ceviche und Drinks mit Pisco. *So-Abend geschl. | Setor de Habitações Individuais Sul, Qd Interna 17/Shopping Fashion Park | Tel. 061 32 48 04 03* | €€€

AM ABEND

BAR BEIRUTE

Kurz nach dem Bau Brasílias wurde diese Bar eröffnet. Die Speisekarte ist seitdem unverändert geblieben, genau wie viele Kellner schon seit Jahrzehnten zum Haus

MARCO POLO HIGHLIGHTS

★ **Brasília**
Oscar Niemeyers kühner Entwurf: die Hauptstadt vom Reißbrett → S. 84

★ **Pantanal**
Expedition ins größte Süßwasserüberschwemmungsgebiet der Erde mit ganz eigener Flora und Fauna → S. 89

★ **Bonito**
Schnorcheln vom Feinsten: kristallklares Wasser, glitzernde Fischschwärme und schwebende Pflanzen → S. 91

★ **Jaguar-Beobachtung**
Den stolzen Raubkatzen auf der Spur – ein tolles Erlebnis! → S. 88

gehören. Zum Bier gibt's arabische Kleinigkeiten. *Tgl. | Comércio Local Norte, qd. 107, bl. D | Tel. 061 32 44 17 17 | €€*

INSIDER TIPP **BAR BRASÍLIA**

Hier treffen sich Journalisten, Politiker und Intellektuelle und diskutieren die Probleme des Landes. Die Kellner tragen weißes Hemd und Fliege, die Gläser lagern vorgekühlt im Eis. Hier soll es das beste Chopp der Stadt geben – und das seit Jahren. *Mo–Do ab 17, Fr–So ab 11.30 Uhr | Comércio Local Sul, qd. 506, bl. A, lj.15 | Tel. 061 34 43 43 23*

ÜBERNACHTEN

INSIDER TIPP **BRASÍLIA PALACE**

Fans des Architekten Oscar Niemeyer sind hier richtig, der hat das Hotel nämlich geplant. Gerade Linien, Ausnutzen der natürlichen Lichtverhältnisse, viel Grün. Fotos im Foyer dokumentieren den Bau und die rauschenden Feste der Politiker. Das Hotel wurde mehrfach renoviert, der moderne Stil blieb erhalten, genau wie die wunderbaren Kacheln von Athos Bulcão. *156 Zi. | Setor de Hotéis Norte, trecho 01, Conj. 01 | Tel. 061 33 06 90 00 | www.plazabrasilia.com.br | €€*

NAOUM EXPRESS

Eines der kleineren Hotels mit modernen Zimmern in zentraler Lage in der Nähe des Eixo. *77 Zi. | Seitor Hoteleiro Sul, Qd. 3, Bl. J | Tel. 061 32 12 45 45 | www.naoumhoteis.com.br | €€*

WINDSOR BRASÍLIA

Modernes Hotel in der Nähe des Fernsehturms. *190 Zi. | Setor Hoteleiro Norte, Qd. 1, Bl. A | Asa Norte | Tel. 061 21 95 19 00 | €€€*

AUSKUNFT

TOURISTEN-INFO

Am Flughafen | tgl. 7–22 Uhr | Tel. 061 33 64 90 00 | 061 3 36 49 10 02 | www.vemviverbrasilia.df.gov.br; weitere Infostellen auf der Praça dos Três Poderes und (am Wochenende) am Fernsehturm

ZIELE IN DER UMGEBUNG

CHAPADA DOS VEADEIROS

(143 D1) *(H4)*

Der Nationalpark liegt 230 km nördlich von Brasília im Nachbarstaat Goiás. Bizarre Felsformationen, Flüsse, Wasserfälle und magnetische Kräfte – im Boden

JAGUAR-SHOW

★ Die atemberaubend schönen Raubkatzen waren den Pantaneiros lange ein Dorn im Auge. Die Jaguare raubten Rinder, durften aber nicht abgeschossen werden. Inzwischen kommen die Touristen, um die Tiere zu sehen bzw. vor die Kamera zu bekommen. Abdrücke der Tatzen oder das Gebrüll im Wald – mehr war oft nicht drin, weil die Tiere scheu sind. Von Juni bis Oktober können Sie Jaguare von Booten aus entlang der Flussläufe beobachten, manchmal sogar beim Jagen. Direkt am Rio Cuiabá, am Ende der Transpanataneira, liegt das *Hotel Porto Jofre Pantanal (März–Okt. | 28 Zi. | Transpantaneira, km 145 | Tel. 065 36 23 02 36 | www.portojofre.com.br | €€€)* mit Landebahn, Pool und gutem Service, von wo aus Sie zur Jaguarsichtung und zu Angeltouren starten.

Im Pantanal sind die Chancen, einen Jaguar zu Gesicht zu bekommen, gut

ruhen Bergkristalle – begeistern Naturliebhaber und Esoteriker. Rund um den Park liegen drei hübsche Orte mit touristischer Infrastruktur, von denen aber nur einer auf einer apshaltierten Straße zu erreichen ist: *Alto Paraíso de Goiás*. Empfehlenswert ist die *Casa da Lua (11 Zi. | Rua do Segredo 278 | Tel. 062 34 46 17 05 | www.casadaluapousada.com.br | €€)* mit nett dekorierten Zimmern und Whirlpool im Garten. In *São Jorge*, in der Nähe des Parkeingangs, liegen die schönen Chalets der *Baguá Pousada (4 Zi. | Rua 1, qud. 16, lt. 2 | Tel. 062 34 55 10 46 | www.baguapousada.com.br | €€)*.

PIRENÓPOLIS (143 D1) (*G5*)

Die beschauliche Ruhe und der Charme der einstigen Goldgräberstadt (21 000 Ew., 100 km westlich) sowie die Natur der Cerrados machen die Gegend zum beliebten Ausflugsziel. Übernachten: *Pousada O Casarão (11 Zi. | Rua Direita 79 | Tel. 062 33 31 26 62 | www.ocasarao.pirenopolis.tur.br | €€)*.

PANTANAL

(142 A–B 1–2) (*F5*) ★ **Das Pantanal ist ein Ort der Superlative: Hier leben die größten Jaguare, Papageien, Tukane, Otter, Ameisenbären und Nager (Wasserschwein) der Welt, außerdem Südamerikas schwerstes Säugetier, der Tapir, und die größte Schlange, die Anaconda.**

Darüber hinaus sind hier Brüll- und Kapuzineraffen beheimatet, tummeln sich Unmengen von Fischen in den Flüssen, bevölkern Kaimane die Wasserstellen und sind Hunderttausende von Vögeln in diesem Überschwemmungsgebiet von der Größe Großbritanniens zu Hause oder auf Durchreise. Und der große Vorteil für Beobachter: Anders als am Amazonas, wo sich die Tiere im Dickicht des Urwalds verstecken, sind sie hier, in der offenen Landschaft, leichter zu sehen. Während der Regenzeit (Okt. bis April) saugt sich das Pantanal wie ein Schwamm mit Wasser voll. Nur die höher gelegenen Bereiche bleiben trocken, zwei Drittel der Fläche des mit 230 000 km^2 größten Süßwasserüberschwemmungsgebiets der Welt stehen unter Wasser. Ab Mai sinken die Wasserstände, und der fruchtbare Boden wird zum Nahrungs- und Brutplatz für Fische und Vögel, auch für Zugvögel. In der Trockenzeit sammeln sich die Tiere in der Nähe des Wassers, und es gibt weniger Moskitos. Seit Ende des 19. Jhs. gibt es Fazendas und extensive Rinderzucht. Wenn die Regenzeit kommt, werden die Rinder an die höher gelegenen Dämme getrieben. Tagelang sind diese *comitivas pantaneiras* dann unterwegs. Heute werden viele Fazendas auch für den Ökotourismus genutzt.

ANFAHRT

Ökotourismus gibt es im Pantanal erst seit den 1990er-Jahren. Es gibt zwei Eingangstore: von Cuiabá aus ins nördliche oder von Campo Grande aus ins südliche Pantanal. Die Anreise ist in der Regenzeit problematisch und oft nur mit Boot oder Flugzeug möglich. Das erklärt auch die hohen Kosten, denn alles, was Touristen brauchen, muss angeliefert werden. Von Cuiabá sind es 70 km bis Poconé, wo die *Transpantaneira* beginnt, eine Erdstraße, die 150 km auf einem Damm und über 122 Holzbrücken ins Pantanal führt. Juni bis August kann es im Pantanal empfindlich kalt werden (10–15 °C); im Sommer den Mückenschutz nicht vergessen!

LOW BUDG€T

Die deutschsprachigen Besitzer der günstigen (DZ ab 65 Euro) *Pousada Gira Sol (12 Zi. | Rua Pérsio Schamann 710 | Tel. 067 32 55 36 77 | www.girasolbonito.com.br)* in Bonito vermitteln auch Touren.

Die Hotels in Brasília sind am Wochenende deutlich günstiger. Dann sind nämlich die Politiker der Hauptstadt alle in ihren Heimatorten.

Traveller-Treff in Bonito: *Pousada Muito Bonito (DZ 50 R$ | Rua Pilad Rebuá 1448 | Tel. 067 32 55 16 45 | www.hotelmuitobonito.com.br)*

TOUREN

Individuelle Touren ins nördliche Pantanal organisiert der deutsch-brasilianische Veranstalter *Pantanal-/Amazonas-Tours (Tel. 065 30 54 29 83 | in Berlin: 030 83 10 89 68 | www.pantanal.de)*

ÜBERNACHTEN

Meist bleiben Touristen mehrere Tage auf einer Fazenda. Zu Fuß, mit Pferd, Jeep oder Boot geht's in Begleitung eines Führers zum Tierebeobachten. Teilweise können Sie am Alltag teilnehmen oder eine *comitiva* begleiten.

BAÍA DAS PEDRAS

Rustikale Fazenda mit freundlicher Atmosphäre und individueller Betreuung. Gut zur Vogelbeobachtung. Sie bekommen viel vom Leben der Fazendeiros mit. Ca. 6 Std. Autofahrt von Campo Grande oder 1 Std. Flug. *6 Zi. | Tel. 067 99 57 36 86 | www.baiadaspedras.com.br* | €€–€€€

BARRA MANSA

Hübsche Fazenda am Rio Negro, reiche Flora und Fauna, persönliche Betreuung. 1 Flugstd. bzw. 6 Autostd. (Allrad!) ab Campo Grande. *6 Zi. | Tel. 067 33 25 68 07 | www.hotelbarramansa.com.br* | €€–€€€

INSIDER TIPP **BARRANCO ALTO**
Schöne Fazenda mit engagierter Leitung, 11 000 ha zu beiden Seiten des Rio Negro, intakte Natur mit vielen Tieren, individuelle Betreuung, deutschsprachig. 6 Std. ab Campo Grande bzw. 1 Flugstd. *4 Zi. | www.fazendabarrancoalto.com.br |* €€–€€€

POUSADA PIQUIRI
Tief im Pantanal am Piquiri-Fluss, viele Tiere und Vögel, ideal zur Jaguarbeobachtung. Einfache, saubere Zimmer, familiär. Anreise bis Porto Jofre über die Transpantaneira, dann 45 Min. mit dem Boot. *4 Zi. | Tel. 065 36 24 10 02 | Büro in Cuiabá: 065 39 01 14 10 | www.pousadapiquiri.com.br |* €€–€€€

POUSADA RIO CLARO
Gemütliche Pousada 3 km abseites der Transpantaneira an einem Fluss (dem Rio Claro). Die ehemalige Fazenda bietet schöne Reit- und Bootstouren und hat sogar ein Schwimmbad zum Abkühlen. *21 Zi. | Transpantaneira, km 42 | Tel. 065 33 45 10 54 | www.pousadarioclaro.com.br |* €€

POUSO ALEGRE
Die Unterbringung auf der 11 000 ha großen Rinderfarm ist zwar recht einfach, aber die vielen Vögel und Kaimane auf der Zufahrt sowie die Hyazinth-Aras sind dafür atemberaubend. Anfahrt ab Cuiabá 2–3 Std. *13 Zi. | Transpantaneira, km 33 | Tel. 065 99 68 61 01 | www.pousalegre.com.br |* €€

ZIELE IN DER UMGEBUNG

BONITO ★ (142 B3) (*🕮 F6*)
Südlich des Pantanal (ca. 130 km) liegt die *Serra da Bodoquena* mit Grotten, Höhlen, Wasserfällen und Flüssen. *Bonito* (18 000 Ew.) ist zum Zentrum eines

Landleben auf Brasilianisch: Viehtrieb auf einer Fazenda

gut organsierten Naturtourismus geworden, der mit der Entdeckung der Tropfsteinhöhle des *Lago Azul (Rodovia Três Morros | 36 R$ | 20 km von Bonito)* begann, eines blau schimmernden unterirdischen Sees von 90 m Tiefe.

Mit der Strömung flussabwärts treiben und im kristallklaren Wasser Fischschwärme und Wasserpflanzen bestaunen können Sie gleich an mehreren Stellen. Für Einsteiger empfiehlt sich die 1500 m lange Schnorcheltour im *Rio Formoso* plus Spaziergang zum Flussufer mit einem Guide, der Flora und Fauna erklärt. Das INSIDER TIPP Schnorcheln im *Rio Sucuri* mit seinem kristallklarem Wasser und den Schwärmen von Fischen ist ein einzigartiges Erlebnis (Ausflug 168 R$). Neoprenkleidung hilft gegen die Kälte. Wunderschöne Schnorchelausflüge gibt es außerdem zum *Rio da Prata* (192 R$) sowie zur *Baía Bonita* und zur *Nascente Azul* mit ihrem türkisblauen Wasser. Ganz in der Nähe liegt das *Buraco das Araras (tgl. 7–17 Uhr | 38 R$ | Fazenda Alegria an der BR 267, 58 km)*, ein Sinkloch von über 120 m Tiefe, in dem Hunderte von Aras umherfliegen.

Für Mutige: 72 m geht es mit Seilen in die Tiefe des Kraters *Abismo Anhumas*, wo man anschließend im kristallklaren Wasser schnorcheln kann. Es geht aber natürlich auch ohne Schnorcheln: Eine herrliche Waldwanderung führt vorbei an Wasserfällen und wird mit einem köstlichen Essen auf der *Estancia Mimosa (24 km von Bonito)* abgeschlossen. Alle Touren müssen über Agenturen gebucht werden.

Ebenso spannend wie erfrischend – Schnorcheln im Rio da Prata

Schön zum Übernachten sind die Chalets der *Pousada Águas de Bonito (30 Zi. | Rua 29 de Maio 1679 | Tel. 067 32 55 23 30 | www.aguasdebonito.com.br | €€)* und die sehr persönliche *Pousada Surucuá (16 Zi. | Rua Bongiovani 860 | Tel. 067 32 55 23 37 | www.pousadasurucua.com.br | €€)* mit schönem Garten und Schwimmbad. In der *Casa do João (Mo geschl. | Rua Cel. Nelson Felício dos Santos 664 | Tel. 067 32 55 12 12 | €)* probieren Sie gegrillten Fisch, und in der *Taboa Bar (tgl. | Rua Cel. Pilad Rebuá 1837 | €)* gibt's Jacaréstückchen zu selbst angesetzten Zuckerrohrschnäpsen.

CAMPO GRANDE
(142 B2–3) *(🕮 F5–6)*

Campo Grande (735 000 Ew.) ist die Hauptstadt von Mato Grosso do Sul. Hier wird Rinderzucht oder Sojaanbau betrieben. Es liegt noch immer die Atmosphäre von Pionierzeiten in der Luft. Die erst Ende des 19. Jhs. gegründete, im Schachbrettmuster angelegte Stadt ist Ausgangspunkt für Reisen ins südliche Pantanal oder nach Bonito. Besuchen Sie das *Museu Dom Bosco (Di–Fr 8–18, Sa/So 13–18 Uhr | 5 R$ | Av. Afonso Pena 7000)*, ein naturkundliches Museum mit indianischen Objekten, einbalsamierten Tieren, Schnecken- und Schmetterlingssammlungen. Im *Fogo Caipira (Mo und So-Abend geschl. | Rua José Antônio Pereira 145 | Tel. 067 33 24 16 41 | €€)* gibt es regionale Küche mit großen Portionen. Über tausend lokale Kunsthandwerker bieten ihre Produktion in der *Casa do Artesão (So und Sa-Nachmittag geschl. | Av. Calógeras 2050)* an. Übernachten Sie im zentral gelegenen *Grand Park Hotel (129 Zi. | Av. Afonso Pena 5282 | Tel. 067 30 44 44 44 | www.grandparkms.com | €€)* oder im *Hotel Ipê (71 Zi. | Rua Ceará 1834 | Tel. 067 30 42 25 00 | www.hotelipems.com.br | €)*.

CORUMBÁ (142 A2) *(🕮 F5)*

An den westlichen Ausläufern des Pantanal und an der Grenze zu Bolivien liegt *Corumbá* (101 000 Ew.). Die Stadt wurde als militärischer Außenposten am Rio Paraguay gegründet, das *Fort Coimbra* von 1775 ist bis heute militärischer Stützpunkt. Genießen Sie den Sonnenuntergang von der Terrasse des Restaurants *Viva Bella (Rua Artur Mangabeira 1 | €)*. Aus den oberen Stockwerken des *Santa Mônica Palace Hotels (85 Zi. | Rua Antônio Maria Coelho 345 | Tel. 067 32 34 30 00 | www.hsantamonica.com.br | €)* haben Sie einen schönen Blick ins Pantanal. Sportangler können im Hafen Boote chartern.

CUIABÁ (142 B1) *(🕮 F5)*

Cuiabá, 70 km nördlich des Pantanal, wurde 1719 von Goldsuchern gegründet, die sich gegen die kriegerischen Bororo-Indianer verteidigten. Heute ist die Hauptstadt des Bundesstaates Mato Grosso mit gut 700 000 Einwohnern ein lebhaftes Agrarzentrum. Deshalb gibt es in der zu jeder Jahreszeit heißen Stadt auch viele Hotels, Restaurants und Einkaufszentren. Übernachten Sie im *Gran Odara (104 Zi. | Av. Miguel Sutil 8344 | Tel. 065 36 16 20 14 | www.hotelgranodara.com.br | €€)* mit hellen Zimmern und guter Organsation. Nahe am Flughafen, im Vorort Várzea Grande, ist das *Hits Pantanal (105 Zi. | Av. Arthur Bernardes 251 | Tel. 065 33 63 99 77 | www.hitspantanal.com.br | €€)* das ideale Hotel für Durchreisende ins Pantanal, die nicht ins Stadtzentrum wollen. Angenehme Zimmer, schönes Schwimmbad. In der *Peixaria Popular (So-Abend geschl. | Av. São Sebastião 2324 | Goiabeiras | €)* wird Fisch aus dem Pantanal zubereitet. Gönnen Sie sich abends ein Bier in der ältesten Kneipe der Stadt, dem *Choppão (tgl. 10–1 Uhr | Praça de Abril 8)*.

Indianisches Kunsthandwerk gibt's im Geschäft der staatlichen Indianerbehörde INSIDER TIPP *Funai Artíndia (Rua Padre Celestino 301)* sowie bei *Arte Indigena Artesanatos (Rua Quinca Caldas 550)*. In der *Casa do Artesão (Mo–Fr 8.30–17, Sa 8.30–13 Uhr | Rua 13 de Junho 315)*, einem wunderschönen Kolonialgebäude, wird Kunsthandwerk ausgestellt, u. a. Gegenstände der Indianer vom Alto Xingu.

Bild: Wasserfälle von Iguaçu

DER SÜDEN

Die Wasserfälle des Rio Iguaçu sind eines der Naturwunder der Erde und die Touristenattraktion von Brasiliens Süden, zu dem die Bundesstaaten Rio Grande do Sul, Santa Catarina und Paraná gehören.

In der Region von der Größe Frankreichs trafen die überwiegend europäischen Einwanderer ein gemäßigtes Klima an. Im Winter kann es in gebirgigen Lagen sogar schneien und frieren. Curitiba, die Hauptstadt des Bundesstaats Paraná, ist mit einem Jahresmittel von 16,5 Grad die kälteste Hauptstadt Brasiliens. Im Sommer kommen auch viele Argentinier an die traumhaften Strände von Florianópolis, und beim Oktoberfest in Blumenau stehen die deutsche Kultur und deutsches Bier im Mittelpunkt.

CURITIBA

(146 A5) (*Ⓜ G6–7*) **Die Hauptstadt (1,8 Mio. Ew.) des Bundesstaates Paraná gilt als stadtplanerische Modellstadt in Brasilien – und das, obwohl es sich um eine blühende Industriestadt handelt.**

Deutsche, polnische und ukrainische Einwanderer siedelten sich hier an, aber auch Italiener im Viertel Santa Felicidade. Den Titel ökologischste Stadt Brasiliens verdankt *Curitiba* seinen Gärten und Parks, aber auch der engagierten Stadtverwaltung. Spazieren Sie durch das historische Zentrum mit seinen Kirchen und Kolonialgebäuden rund um die *Praça João Cândido*. Vielleicht haben Sie Glück und können eine Veranstaltung in der

Iguaçu und bayerisches Oktoberfest: Hier im Süden ist alles etwas gemäßigter – nur nicht die donnernden Wasserfälle

Ópera de Arame („Drahtoper") besuchen, einer gewagten Konstruktion aus Metallrohren und Glas im *Parque das Pedreiras*.

SEHENSWERTES

JARDIM BOTÂNICO
Das schöne Gewächshaus im englischen Stil ist mit seinen drei Kuppeln zum Wahrzeichen Curitibas geworden, aber auch den geometrisch angelegten Parkbereich des botanischen Gartens sollten Sie sich anschauen. *Di–So 9–17 Uhr | Eintritt frei | Rua Ostoja Roguski*

MUSEU OSCAR NIEMEYER
Einer der tollsten und originellsten Bauten Oscar Niemeyers könnte auch als Kulisse für einen Science-Fiction-Film herhalten. Von weitem sieht er wie das große, auf einem Sockel gelagerte Auge einer ägyptischen Figur aus. Drinnen gibt's Gegenwartskunst und Wechselausstellungen. *Di–So 10–17.30 Uhr | 6 R$ | Rua Marechal Hermes 999*

Die Inselstadt Florianópolis ist mit dem Festland durch spektakuläre Brücken verbunden

ESSEN & TRINKEN

BAROLO TRATTORIA

Die überbackenen Muschelnudeln mit Garnelen sind der Renner dieser Trattoria im Ausgehviertel Batel. *So-Abend geschl. | Av. Silva Jardim 2487 | Tel. 041 32 43 34 30* | €€

MADERO DURSKI

Die besten Burger und hervorragende Steaks. *Tgl. | Av. Jaime Reis 262 | São Franciso | Tel. 041 30 13 23 00* | €€

POCO TAPAS

Molekularküche auf Spitzenniveau. Probieren Sie das Menü! *Tgl., nur abends | Av. Vicente Machado 2786 | Batel | Tel. 041 96 82 87 58* | €€€

AM ABEND

BAR DO ALEMÃO

Das beste Bier und zünftige Schwarzwaldstimmung gibt es in der „Bar des Deutschen" am Largo da Ordem in der Altstadt. *Tgl. | Rua Claudino dos Santos 63 | Tel. 041 32 23 25 85*

ÜBERNACHTEN

HOTEL SLAVIERO FULL JAZZ

Der Name legt es nahe: In diesem Hotel im Ausgehviertel Batel dreht sich alles um Jazz: Fr und Sa gibt's abends Jazzkonzerte in der Bar. *82 Zi. | Rua Silveiro Peixoto 1297 | Tel. 041 33 12 70 00 | www.hotelslaviero.com.br* | €€–€€€

JOHNSCHER SAN JUAN

Das älteste Hotel der Stadt hat aber seinen Charme bewahrt. *24 Zi. | Barão do Rio Branco 354 | Tel. 041 33 02 96 00 | www.sanjuanhoteis.com.br* | €€

ZIELE IN DER UMGEBUNG

ILHA DO MEL (146 B5) (*G6–7*)

Von Pontal do Sul fahren Boote (30 Min.) zur Insel, einem Naturreservat mit schönen Stränden. Die meisten Besucher fahren abends zurück, aber es gibt auch Fischerhütten oder Pensionen zum Übernachten, z. B. die *Pousada Caraguatá (10 Zi. | Tel. 041 34 26 90 97 | www.caraguata-ilhadomel.com.br* | €€) mit tollem Service und ökologischem Ansatz.

MORRETES (146 B5) *(G6–7)*
Der malerisch am Hügel gelegene Ort mit Kolonialcharakter ist zwar das Ziel (ca. 80 km), die eigentliche Attraktion dieses Ausflugs ist aber der Weg dorthin – die spektakuläre, dreistündige Zugfahrt im ★ *Serra Verde Express (Abfahrt tgl. 8.15 Uhr, Hinfahrt je nach Kategorie 65–270 R$, Rückfahrt geht schneller mit Bus oder Kleinbus, sonst Rückfahrt ab Morretes 16 Uhr | www.serraverdeexpress.com.br)* mitten durch den Regenwald.

FLORIANÓPOLIS

(143 D5) *(G7)* **Florianópolis, liebevoll Floripa genannt (421 000 Ew.) ist eine der entspanntesten Städte Brasiliens.**
Die Hauptstadt des Bundesstaates Santa Catarina erstreckt sich vom Festland über zwei Brücken hinweg auf eine 54 km lange Insel. Strände, Dünen, Lagunen: Die ★ *Ilha de Santa Catarina* ist ein Paradies für Strandfans und Surfer. Während der Norden inzwischen zum Hotspot der Reichen geworden ist – mit exklusiven Strandclubs, in denen der Champagner fließt –, gibt es im Süden noch verträumte Fischerdörfer. In der Inselmitte liegt die *Lagoa da Conceição,* der zentrale Treffpunkt. Am Abend spiegeln sich die Lichter der Bars und Restaurants im Wasser. Vom Zentrum setzen Boote zum Fischerort *Costa da Lagoa* über (45 Min.).

SEHENSWERTES

MERCADO PÚBLICO UND ALFÂNDEGA
Im Markt von 1898 und dem neoklassizistischen Gebäude des Zollhauses gibt es Andenkenläden, Bars und Restaurants *(So und Sa-Abend geschl. | Av. Paulo Fontes/Largo da Alfândega).* Vor der INSIDER TIPP **Box 32** *(€)* wird's voll am frühen Abend, wenn die Angestellten nach der Arbeit kommen. Probieren Sie *pastel do camarão* (mit Krabben gefüllte Teigtaschen), dazu trinken Sie einen Zuckerrohrschnaps.

RIBEIRÃO DA ILHA/ SANTO ANTÔNIO DE LISBOA
In den beiden Orte mit ihren weißen Kolonialhäusern und kleinen Kirchen erinnert vieles an die ersten Siedler von den Azoren. In der *Casa Açoriana (Rua Cônego Serpa 30)* gibt es Keramik und Kunsthandwerk und im INSIDER TIPP *Rancho Açoriano (tgl. | Rodovia Baldicero Filomeno 5634 | Ribeirão da Ilha | €€),* einem ehemaligen Lagerhaus, frische Austern.

ESSEN & TRINKEN

BAR DO ARANTE
Tausende von Zetteln mit Nachrichten für andere Reisende hängen hier von Decken und Wänden. Am Wochenende Büfett mit Meeresfrüchten. *Tgl. | Rua Abclar-*

MARCO POLO HIGHLIGHTS

★ **Serra Verde Express**
Atemberaubend: die Zugfahrt nach Morretes durch den Regenwald → S. 97

★ **Ilha de Santa Catarina**
Dutzende Strände für Surfer und Faulenzer → S. 97

★ **Cataratas do Iguaçu**
Ein gewaltiges Naturschauspiel aus jeder Perspektive → S. 99

★ **Weinstädte**
Italienische Weinkultur im tiefsten Süden → S. 101

do Otacílio Gomes 254 | Pântano do Sul | Tel. 048 32 37 70 22 | €€

INSIDER TIPP **OSTRADAMUS**
Austern da essen, wo sie herkommen. Bei gutem Wetter stehen Tische auf einem Steg im Meer. *Mo geschl. | Rodovia Baldicero Filomena | Ribeirão da Ilha | Tel. 048 33 37 57 11 | €€*

EINKAUFEN

Schöne Töpfer- und Keramikarbeiten finden Sie z. B. in der *Escola de Oleiros (Mo–Do 8–22, Fr 8–17.30 Uhr | Rua Frederico Afonso 5545 | Ponto Baixo).*

FREIZEIT & SPORT

SANDBOARDING
An der großen Düne an der *Praia da Joaquina* kann man das ausprobieren und Bretter mieten *(10 R$).*

SURFEN
An der *Praia da Joaquina* gibt es die Surfschule *Easy Surf (Tel. 048 99 71 34 86);* auf der Lagune wird mit Wind gesurft: *Open Winds (Av. das Rendeiras 1672 | Tel. 048 32 32 50 04 | www.openwinds.com.br).*

AM ABEND

Die Reichen feiern in Beachclubs wie *El Parador, El Divino* und dem *Café de la Musique* im Strandort Jurerê Internacional. Gemischteres Publikum findet sich in den Bars und Restaurants an der Lagune.

ÜBERNACHTEN

MAJESTIC PALACE
Ein gutes Hotel, wenn Sie in der Stadt bleiben müssen. *259 Zi. | Av. Beira Mar Norte 2746 | Tel. 048 32 31 80 00 | €€*

POUSADA DAS PALMEIRAS
Liebevoll gemachte Pousada an der Lagune mit geschmackvollen Zimmern. *6 Zi. | Rua Laurindo Januário da Silveira 2720 | Tel. 048 32 32 62 67 | www.pousadadaspalmeiras.com.br | €€*

POUSADA MAR DE DENTRO
Rustikale Pousada direkt am Strand von Santo Antônio; mit einem schönen Garten und Pool. *8 Zi. | Rua Caminho das Açores 1929 | Tel. 048 32 35 15 21 | www.pousadamardedentro.com.br | €*

POUSO LANG GUESTHOUSE
Stylish und mit wunderbarem Blick auf die Lagune. *6 Zi. | Rua Rita Lourenço da Silveira 568 | Lagoa da Conceição | Tel. 048 32 06 16 51 | www.pousolang.com | €€*

AUSKUNFT

TOURISTENINFORMATIONEN
Flughafen, Busbahnhof und Mercado Público | Tel. 048 32 12 31 27 | www.guiafloripa.com.br

ZIEL IN DER UMGEBUNG

BLUMENAU/POMERODE
(146 A6) *(G7)*
In *Blumenau* und im 30 km entfernten *Pomerode*, dem sogenannten *Vale Europeu* am Rio Itajaí, 160 km nordwestlich von Floripa, wird deutsche Tradition gepflegt: Fachwerkhäuser, Schützenvereine, Spielmannszüge, Oktoberfest. Nachdem der Pharmazeut Hermann Blumenau 1850 die Kolonie gegründet hatte, begannen die Immigranten mit dem Aufbau der Textilindustrie und Glasproduktion. Zwar wirken die Fachwerkfassaden der lebhaften Industriestadt Blumenau (330 000 Ew.) künstlich, doch was zählt, ist deutsche Tradition. Zum Okto-

berfest kommen bis zu 800 000 Besucher. Umzüge mit Dirndl und Bierwagen gehören ebenso zum Programm wie Eisbein und Sauerkraut.

FOZ DO IGUAÇU

(142 B4) (*F6–7*) **Foz do Iguaçu ist eine lebhafte Grenzstadt (255 000 Ew.) im Dreiländereck von Brasilien, Argentinien und Paraguay.**

Das Zentrum von Foz ist mit der Hauptstraße *Av. Jorge Schimmelpfeng* touristisch nicht wirklich interessant. Schöner ist es außerhalb der Stadt, in der Nähe der 15 km entfernten Wasserfälle. Seit den 1930er-Jahren sind auf argentinischer wie brasilianischer Seite Naturparks entstanden, in denen der Urwald erhalten blieb. Von Brasilien hat man einen großartigen Blick auf die Fälle, in Argentinien kommt man dafür etwas näher heran, muss aber Zeit für den Grenzübertritt einplanen.

SEHENSWERTES

CATARATAS DO IGUAÇU ★

Ohrenbetäubender Donner, alles durchnässendes Sprühwasser und drumrum dichter Urwald: Das „große Wasser" nannten die Tupi-Guaraní-Indianer den Rio Iguaçu, der hier in einem 3 km großen Halbkreis über 60 m in die Tiefe stürzt. Vom Besucherzentrum am Eingang des *Parque Nacional Iguaçú* *(tgl. 9–17 Uhr | 57,30 R$ | www.cataratasdoiguacu.com.br)* fahren alle 15 Min. Busse zu den Fällen. Unterhalb des Tropical-Hotels beginnt ein Weg, der über dem Wasser zu zwei Aussichtspunkten im Fluss führt. Auf argentinischer Seite fährt ein kleiner Zug vom Parkeingang zum *Teufelsrachen/Garganta del Diablo (tgl. 8–18, Okt.–März 8–19 Uhr | 260 Pesos | www.iguazuargentina.com)*. Es gibt Wanderwege, auf denen Sie z. T. direkt

In Blumenau werden deutsche Traditionen gepflegt – hier wird auch Oktoberfest gefeiert

am Wasser entlanglaufen. Nutzen Sie den Aufenthalt, um ein argentisches Grillrestaurant zu besuchen, z. B. *El Quincho del Tío Querido (So-Mittag geschl. | Ruta Bompland 110 | €€)*.

ESSEN & TRINKEN

BÚFALO BRANCO

Einfache Churrascaria, auch arabische Spezialitäten. *Tgl. | Rua Engenheiro Rebouças 530 | Tel. 045 35 23 97 44 | €€*

TRAPICHE

Angenehmes Fischrestaurant mit familiärem Ambiente. *Tgl., Mo–Do nur abends | Rua Marechal Deodoro 1087 | Tel. 045 35 72 39 51 | €€*

FREIZEIT & SPORT

CANION IGUAÇU

Klettern, Abseilen, auf Baumpfaden laufen, Kajak fahren: Im Naturpark wurde ein Urwald-Erlebnispark eingerichtet. *Tgl. 9–17.30 Uhr | Tel. 045 35 29 91 75 | www.campodedesafios.com.br*

LOW BUDG€T

In Foz gibt es viele Hostels, die neben Gruppen- auch Privatzimmer haben, z. B. das *Che Lagarto Hostel Foz do Iguaçu (90 Zi. | Av. Juscelino Kubitschek 874 | Vila Paraguaia | Tel. 045 30 27 83 00 | www.chelagarto.com)*.

Im *Serra Verde Express* von Curitiba nach Morretes (s. S. 97) nehmen Sie die günstigsten Tickets in der Kategorie *Econômica*. Sie kosten weniger als die Hälfte der Kategorie *Executivo*, und die Aussicht ist dieselbe.

ÜBERNACHTEN

BELLA ITALIA

Gemütliches Hotel im Zentrum, riesiges Frühstücksbüfett. *135 Zi. | Av. República Argentina 1700 | Tel. 045 32 51 50 00 | www.hotelbellaitalia.com.br | €€*

BELMOND HOTEL DAS CATARATAS

Das im Kolonialstil gehaltene Hotel profitiert von seiner Lage im Nationalpark, aus einigen Zimmern soll man die Wasserfälle sogar sehen können. *193 Zi. | BR 469 | Tel. 045 21 02 70 00 | www.hoteldascataratas.com.br | €€€*

AUSKUNFT

TOURISTENINFORMATION

Praça Getúlio Vargas 69 | Tel. 0800 45 15 16 | www.visitefoz.com.br

PORTO ALEGRE

(142 C5) *(G7)* **Porto Alegre (1,4 Mio. Ew.), die lebhafte Hauptstadt der Gaucho-Gebiete, ist das größte Handels- und Industriezentrum in Südbrasilien.**

Der „fröhliche Hafen" liegt am Zusammenfluss mehrerer Flüsse, von deren Ufern sich die Altstadt den Berg hinaufzieht. Die Gauchos sind Spezialisten der Fleischzubereitung. Einwanderer, vor allem Italiener und Deutsche, prägten das Leben. Porto Alegre hat eine lebendige Intellektuellenszene und Kulturzentren wie die *Casa de Cultura M. Quintana (Rua dos Andrads 736)* und die *Usina do Gasômetro (Av. Pres. Gourlart)*. Die Sehenswürdigkeiten lernt man am einfachsten im Bus kennen: Die *Linha Turismo (10 R$)* fährt fünfmal am Tag (außer Mo) ab Zentrum.

ESSEN & TRINKEN

ATELIER DE MASSAS
Kunst und Küche gehen Hand in Hand: Hier macht ein Maler die Nudeln, an den Wänden hängen seine Werke und die anderer lokaler Größen. *Mo geschl. | Rua Riachuelo 1482 | Tel. 051 3 22 51 16 25 |* €

NA BRASA
Beste Churrascaria von Porto Alegre. Fleisch, Service, Ambiente: hervorragend. *Tgl. | Rua R. Barcelos 389 | Floresta | Tel. 051 32 25 22 05 |* €€

ÜBERNACHTEN

LAGHETTO VIVERONE MOINHOS
Im Altbau Frühstücksraum und Rezeption, die Zimmer im modernen Anbau. *132 Zi. | Rua Dr. Vale 579 | Moinhos de Vento | Tel. 051 21 02 72 72 |* €€

PLAZA PORTO ALEGRE
Traditionshotel im Zentrum, charmant und mit freundlichem Sevice. *283 Zi. | Av. Alberto Bins 514 | Tel. 051 32 20 70 00 | www.plazahoteis.com.br |* €€

ZIELE IN DER UMGEBUNG

BLUMENSTÄDTE (142 C5) *(G7)*
Die *Serra Gaúcho,* 10 km nördlich von Porto Alegre, wird von Araukarienwäldern, Bergen, Seen, Wasserfällen und Hortensien geprägt. Letztere brachten den von deutschen und italienischen Einwanderern dominierten Nachbarorten *Gramado* (34 000 Ew.) und *Canela* (41 000 Ew.) den Namen „Blumenstädte" ein. Von Canela sind es 100 km zum *Parque Nacional de Aparados da Serra (Mi–So 9–17 Uhr | 6 R$)* mit gewaltigen Canyons wie dem 720 m tiefen *Canyon de Itaimbezinho* am Parkeingang. Einen tollen Blick auf den Malacara-Canyon haben Sie von der Pousada INSIDER TIPP *Morada dos Canyons (SC 450, km 7 | Tel. 054 35 32 15 90 | www.moradadoscanyons.com.br |* €€–€€€*).*

WEINSTÄDTE ★ (142 C5) *(G7)*
Vor über 100 Jahren begannen italienische Einwanderer hier mit dem Anbau von Trauben. Zentrum des Weinanbaus ist *Bento Gonçalves,* 130 km nordwestlich von Porto Alegre am Eingang zum *Vale dos Vinhedos,* dem Tal der Weinberge, mit zahlreichen Kellereien. Die meisten von ihnen bieten Führungen und Weinproben an, wie die *Casa Valduga* oder die *Vinicula Miolo*. Einen tollen Blick ins Vale dos Vinhedos haben Sie aus den rustikalen Steinhäusern der INSIDER TIPP *Pousada Borghetto Sant'Anna (47 Zi. | Tel. 054 34 53 23 55 | www.borghettosantanna.com.br |* €€*).*

Gramado und Canela sind berühmt für ihre Blumenpracht

ERLEBNISTOUREN

1 BRASILIEN PERFEKT IM ÜBERBLICK

START: ① Praia do Forte
ZIEL: ⑩ Manaus

Strecke:
➡ ca. 9330 km

22 Tage
reine Flugzeit
ca. 15 Stunden

KOSTEN: ca. 3000 Euro pro Person für Flüge, Unterkunft, Verpflegung etc.
MITNEHMEN: Badezeug, Sonnenschutz, etwas Warmes für die Klimaanlagen in Hotels, Flugzeugen und Flughäfen, Regenschutz; für Pantanal und Amazonas Mückenschutz, festes Schuhwerk, langärmelige Kleidung und lange Hosen

ACHTUNG: Für das Pantanal und die Amazonas-Region wird eine Gelbfieberimpfung empfohlen.
Buchen Sie die Flüge im Voraus; TAM und Gol bieten für ausländische Reisende auch einen Airpass.

Jeder Zipfel dieser Erde hat seine eigene Schönheit. Wenn Sie Lust haben, die einzigartigen Besonderheiten dieser Region zu entdecken, wenn Sie tolle Tipps für lohnende Stopps, atemberaubende Orte, ausgewählte Restaurants oder typische Aktivitäten bekommen wollen, dann sind diese maßgeschneiderten Erlebnistouren genau das Richtige für Sie. Machen Sie sich auf den Weg und folgen Sie den Spuren der MARCO POLO Autoren – ganz bequem und mit der digitalen Routenführung, die Sie sich über den QR-Code auf S. 2/3 oder die URL in der Fußzeile zu jeder Tour downloaden können.

Erleben Sie in drei Wochen die vielfältigen Facetten Brasiliens von den Stränden des Nordostens über die quirligen Metropolen im Südosten, den europäisch geprägten Süden und die Wasserfälle von Iguaçu bis zum Feuchtgebiet Pantanal und der „grünen Hölle" des Amazonas.

Starten Sie in Bahia, wo die Portugiesen zuerst an Land gingen, mit Tropenbarock und Strand. Bevor Sie sich auf die Hauptstadt Salvador einlassen, entspannen Sie erstmal am Strand. **Eine Stunde nördlich des Flughafens liegt** **1 Praia do Forte**, ein beliebter Strandort. Baden im Atlan-

TAG 1–4
1 Praia do Forte

80 km

2 Salvador

tik, Spaziergänge unter Palmen, das Schildkrötenprojekt **Tamar** und ein Bummel durch den Ort sorgen für die ersten Kontakte mit Einheimischen. Nach zwei Nächten sind Sie fit für **2 Salvador** **→ S. 65**, die erste Hauptstadt Brasiliens und den einst größten Sklavenhafen der Südhalbkugel. Nirgends spüren Sie das kulturelle Erbe Afrikas so wie hier: die Trommeln in der Musik, der Kampftanz Capoeira und die weißgekleideten Baianas des Candomblé. Die barocke Altstadt zeugt von den Reichtümern der einstigen Kolonie: Kirchen mit vergoldeten Altären, Holzschnitzereien und portugiesischen Kacheln. Planen Sie zwei Tage für Salvador, besuchen Sie das lebendige Pelourinho-Viertel, probieren Sie die Teigbällchen *Acarajé* und den Fischeintopf *Moqueca* im Bohemeviertel Rio Vermelho, und besuchen Sie eine Aufführung des *Balé Folcórico*.

Knapp zwei Flugstunden sind es von Salvador nach ❸ **Rio de Janeiro** → S. 36, einer der schönsten Städte der Welt. Einzigartig sind die geografischen Gegebenheiten der Guanabara-Bucht mit ihren schroffen, von dichter Vegetation bedeckten Felsen, an denen sich Buchten mit weißen Sandstränden formen. Die Strandviertel Copacabana und Ipanema, der Zuckerhut und der Corcovado mit der Christusstatue sind schon faszinierend – vor allem aber sind es die Einwohner dieser Stadt, die Cariocas. Joggen oder biken Sie am ersten Tag entlang der Strandpromenade, genießen Sie das Strandfeeling zwischen Leme und Leblon und eine Shoppingtour im eleganten Ipanema dicht an der Lagune *(Lagoa)*. Am späten Nachmittag steht die Auffahrt auf den **Zuckerhut** auf dem Programm. Am zweiten Tag entdecken Sie die Hafengegend um die Praça Mauá und das alte Geschäftszentrum, nehmen die Straßenbahn ins Künstlerviertel Santa Teresa und lassen sich am Abend in Gamboa oder Lapa von Sambarhythmen begeistern. Am letzten Tag besuchen Sie den **Jardim Botânico**, essen mittags das Nationalgericht Feijoada und fahren zum Abschiedsblick über Rio auf den **Corcovado**.

Nun steht ein Abstecher in den Süden auf dem Programm. **Nach einem 90-Minuten-Flug** landen Sie in ❹ **Florianópolis** → S. 97, der einzigen Hauptstadt, die auf einer Insel liegt. Genießen Sie die relaxte Atmosphäre, besuchen Sie die Surferstrände, entspannen Sie an der Lagune und probieren Sie INSIDER TIPP Austern in einem der Stranddörfer. Am nächsten Tag machen Sie einen Ausflug nach ❺ **Blumenau**, wo es das größte Oktoberfest außerhalb Deutschlands gibt. Das Fachwerk ist Fassade, aber die deutsche Kultur wird gelebt, und in der Nähe formiert sich gerade das brasilianische Siliconvalley.

Eines der gewaltigsten Naturschauspiele der Welt erleben Sie **knapp zwei Flugstunden nordwestlich:** die ❻ **Wasserfälle von Iguaçu** → S. 99. Den besten Panoramablick auf die Fälle haben Sie vom **Belmond Hotel das Cataratas**, wo Sie sich für zwei Nächte einmieten – es lohnt sich! Am nächsten Tag fahren Sie über die Grenze nach Argentinien. Im Nationalpark auf der argentinischen Seite können Sie in den „Rachen des Teufels" schauen, so dicht sind Sie an den tosenden Gewässen.

TAG 5–7

1475 km

❸ Rio de Janeiro

TAG 8–9

1080 km

❹ Florianópolis

145 km

❺ Blumenau

TAG 10–11

995 km

❻ Wasserfälle von Iguaçu

TAG 12–13

935 km

7 São Paulo

Von Foz do Iguaçu geht es nach 7 São Paulo → S. 47 (Flugzeit 1,75 Std.), einer Stadt der Superlative. Rund 12 Mio. Menschen leben hier – ein Moloch voller Leben, ein Schmelztiegel der Kulturen. Restaurants und Theater, Kinos und Museen, Shows und Ausstellungen: Der Rhythmus der Stadt ist atemberaubend, faszinierend und ja, auch anstrengend. Beginnen Sie mit dem alten Stadtzentrum, und suchen Sie sich am Abend ein japanisches Restaurant. Am nächsten Tag besuchen Sie das Kunstmuseum **MASP** und die Avenida Paulista, bewundern die schicken Läden in Jardins und spazieren durch den **Ibirapuera-Park**. Zum Sundowner mit Aussicht geht's in die **Skye-Bar** des Hotels Unique.

TAG 14–16

1440 km

8 Pantanal

Nach so viel Asphaltdschungel finden Sie Ruhe im **8 Pantanal → S. 89**, einem Naturparadies, **ca. 2,5 Flugstunden westlich.** Brasilien wurde von der Küste her kolonialisiert, der Busch im Westen war schwer zugänglich. Noch im 20. Jh. wurde hier gegen indigene Ureinwohner gekämpft. **Cuiabá** ist eine moderne Stadt, ein Zentrum des prosperierenden Agrobusiness' und das Eingangstor zum Feuchtgebiet Pantanal. **Fahren Sie am besten direkt vom Flughafen auf eine der Fazendas** (mind. drei Nächte), die Besucher aufnehmen. Krokodile, Wasserschweine, Ameisenbären und Hyazinth-Aras werden Sie sehen, vielleicht sogar einen Jaguar ...

TAG 17

1060 km

9 Brasília

Der Gegensatz, der nun folgt, könnte kaum größer sein. **Zurück aus der Wildnis geht es in 1,5 Flugstunden in die Hauptstadt,** die am Reißbrett entstand: **9 Brasília → S. 84**. Der kühne Plan von Organisation und Ästhetik wurde im geografischen Zentrum des Landes umgesetzt. Eine Übernachtung reicht, am besten im **Brasília Palace**.

TAG 18–22

2100 km

10 Manaus

Gute drei Stunden braucht der Flieger von hier ins Amazonasgebiet, das bei einem Brasilien-Besuch nicht fehlen darf. Im Zentrum des Regenwaldgebiets liegt **10 Manaus → S. 79**. Die Stadt ist heiß und anstrengend, lebt aber vom Charme der Pionierzeiten, als Glücksritter, Forscher und Abenteurer in den Regenwald vorzudringen versuchten. Das Opernhaus **Teatro Amazonas** ist ein Muss, der Hafen das Herz der Stadt. Lassen Sie sich nach der Stadtbesichtigung eine Schiffstour auf dem Amazonas bzw. den Besuch einer Urwaldlodge nicht entgehen. Allein wegen der langen Anreise sollten Sie zu einer Nacht in Manaus noch drei Nächte in einer Lodge oder auf einem Boot buchen.

2 ENTLANG DER GRÜNEN KÜSTE: RIO–PARATI

START: ❶ Rio de Janeiro **ZIEL:** ❻ Vila de Trindade	**6 Tage** reine Fahrzeit 6 Stunden
Strecke: **ca. 360 km**	

KOSTEN: ca. 1000 Euro für Leihwagen, Benzin, Unterkunft, Verpflegung, Schiffspassagen (2 Personen) etc.
MITNEHMEN: Strandkleidung, Sonnen-, Mücken- und Regenschutz

ACHTUNG: Boot zur ❹ **Ilha Grande**: ab Angra dos Reis Mo–Fr 15.30, Sa/So 12.30, zurück tgl. 10 Uhr *(CCR Barcas, www.grupoccr.com.br)* Boots- und Trekkingtouren Ilha Grande über *Avant Tour (Tel. 021 9 92 22 86 02)* oder *Lagoa Azul (Tel. 021 9 98 25 14 15)*

„Grüne Küste" wird der Abschnitt zwischen Rio und Santos genannt. Die kurvige Küstenstraße verläuft im Schatten der bewaldeten Serra do Mar in Sichtweite des Meeres. Unterwegs kommen Sie durch Badeorte und schöne Kolonialstädtchen.

Aus ❶ Rio de Janeiros Zona Sul kommend, geht es 20 km durch das Strandviertel Barra mit seinen Olympiabauten. Nehmen Sie den Weg über Grumari, an der Küste entlang auf der Av. Lúcio Costa und der Estrada do Grumari. Sie fahren an Rios schönsten Stränden entlang! Beim Stopp am ❷ **Point do Grumari** gibt es einen tollen Blick auf die Barra de Guaratiba. **Nach weiteren 50 Min. erreichen Sie den Tiefseehafen Sepetiba. Hinter Itaguai folgt Mangaratiba,** der Eingangsort zur Grünen Küste. Sanfte, teilweise dicht bewaldete Hügel fallen zum Meer hin ab, der Sand leuchtet weiß, das Meer ist tiefblau. **Noch 60 km sind es bis ins lebhafte ❸ Angra dos Reis** mit großem Yachthafen. Hier nehmen Sie das Boot zur ❹ **Ilha Grande**. Die Insel ist ein Naturparadies: Urwald, Wasserfälle, Flüsse, Buchten ... Bleiben Sie drei Nächte! In den Chalets der **Pousada Aratinga** *(7 Zi. | Rua das Flores 232 | Tel. 024 33 61 95 59 | www.aratingailhagrande.com.br | €€)* schlafen Sie gut. In der Nähe des Anlegers, in Vila do Abraão, genießen Sie abends den Blick auf die Bucht bei Caipirinha und gegrilltem Fisch. Die Strände erreichen Sie am nächsten Morgen zu Fuß. Die **Lagoa Azul** im Norden und die **Lagoa Verde** gelten als die schönsten Spots der Insel. Auf Wanderer wartet eine Herausforderung: Den Aufstieg zum 900 m hohen

TAG 1–3
❶ Rio de Janeiro
50 km
❷ Point do Grumari
130 km
❸ Angra dos Reis
23 km
❹ Ilha Grande

Pico de Papagaio sollten Sie sich nicht entgehen lassen – der Panoramablick ist umwerfend! Dafür müssen Sie einen Tag einplanen.

TAG 4–6

132 km

5 Parati

28 km

6 Vila de Trindade

Zurück auf dem Festland sind es von Angra ca. 90 Min. bis nach 5 Parati, einem Schmuckstück kolonialer Architektur. Früher wurde hier das Gold verschifft, das mit den Maultierkarawanen aus Minas Gerais gebracht wurde. In den prächtigen Herrenhäusern sind Restaurants und Pousadas untergebracht, z. B. die charmante INSIDER TIPP **Pousada Casa Colonial** *(8 Zi. | Rua Dona Geralda 200 | Tel. 024 33 71 73 47 | www.casacolonialparaty.com | €€–€€€)*, wo Sie Ihr Lager für zwei Nächte aufschlagen. Beginnen Sie den Rundgang an der **Casa de Cultura** *(tgl. 11–19.30 Uhr | Rua Dona Geralda 177)*, und besuchen Sie die Kirchen. Die prunkvolle Barockkirche **Santa Rita dos Pardos Libertos** an den Kais wurde von freigekauften Sklaven errichtet. Lassen Sie sich überraschen von der Phantasie der lokalen Künstler. Das historische Zentrum ist voller Läden mit Kunsthandwerk – und Schnaps! Im **Empório da Cachaça** können Sie 5000 (!) Marken des Zuckerrohrschnapses bestaunen, der seit 300 Jahren in Parati produziert wird. Einige der Brennereien können Sie besuchen, z. B. die älteste: **O Coqueiro** *(BR 101, km 583 | Tel. 024 33 71 00 16)*. Beschließen Sie die Tour mit einem Badetag **im knapp 30 km südlich gelegenen 6 Vila de Trindade**, wo es schöne Strände gibt.

Boote im Hafen von Parati

3 BAROCK UND MODERNE IN MINAS GERAIS

START: ① Tiradentes
ZIEL: ⑤ Estalagem do Mirante

Strecke:
➡ 350 km

6 Tage
reine Fahrzeit
7 Stunden

KOSTEN: ca. 800 Euro für Leihwagen, Benzin, Unterkunft, Verpflegung (2 Pers.) etc.
MITNEHMEN: leichte Jacke, falls es in den Bergen nachts kühl wird, feste Schuhe fürs Kopfsteinpflaster

ACHTUNG: Die meisten Kirchen in den Barockstädten sind Mo und in der Mittagszeit geschl.; ④ **Instituto Inhotim** Mo geschl.

★ Allgemeine Minen (Minas Gerais) nannten die Portugiesen das Bergland, in dem sie ab dem 18 Jh. Gold fanden. Sie errichteten Kirchen und Paläste, die von der Unesco zum Welterbe erklärt wurden. Zu den Barockstädten ist bei Belo Horizonte ein Kleinod gekommen: Inhotim, ein tolles Kunstmuseum.

① **Tiradentes** ist ein charmantes Städtchen. Benannt wurde der Ort nach dem „Zahnzieher" *(tiradentes)*, dem Anführer einer Verschwörung gegen die portugiesische Kolonialmacht. Im Ortszentrum entdecken Sie Läden und Cafés. Bummeln Sie durch die Gassen, staunen Sie über die vergoldeten Altäre der **Matriz de Santo Antônio** in der Rua da Câmara, und stöbern Sie in den Kunsthandwerksläden. Planen Sie zwei Nächte ein. Die **Pousada Três Portas** *(9 Zi. | Rua Direita 280a | Tel. 032 33 55 14 44 | www.pousadatresportas.com.br | €€)* liegt im historischen Zentrum. Die kräftige Minas-Küche probieren Sie in der **Estalagem do Sabor** *(So-Abend geschl. | Rua Ministro Gabriel Passos 280 | Tel. 032 33 55 11 44 | €)*.

Am nächsten Tag sind es auf der BR 383 über Lagoa Dourada und die BR 040 ca. 110 km (2 Std.) durch die Berge nach ② **Congonhas**. Verpassen Sie hier nicht die zwölf Sandstein-Apostel von Aleijadinho, dem bedeutendsten Barockkünstler Brasiliens. Sie gehören zur **Basílica do Senhor do Bom Jesus de Matosinho** *(Di–So 6–18 Uhr | Praça da Basílica)*. **Von hier geht's auf den Straßen BR 040, MG 030, MG 443 und MG 129 über Lobo Leite und Ouro Branco ins knapp 60 km entfernte** ③ **Ouro Preto**. In nur

TAG 1–2
① Tiradentes

TAG 3–4
113 km
② Congonhas
57 km
③ Ouro Preto

Barockes Kleinod in den Bergen: Ouro Preto

50 Jahren wurden hier über 500 t Gold gefunden, das die Sklaven aus den Minen holten. Die vielen prächtigen Kirchen, die Kolonialgebäude, das Kopfsteinpflaster der Gassen – in Ouro Preto bekommen Sie einen Eindruck vom Geist jener Zeit. Buchen Sie zwei Nächte in der **Pousada Sinhá Olímpia** *(18 Zi. | Rua Dom Helvécio 180 | Tel. 031 35 51 63 69 | www.sinhaolimpia.com.br | €–€€)*; die liegt etwas außerhalb, dafür hat sie einen Pool, und der Blick auf die Berge ist wunderschön. Am nächsten Morgen sind Sie fit fürs Kulturprogramm: Die schönste Kirche ist **São Francisco de Assis** *(10 R$ | Largo de Coimbra)*. Vom achteckigen Grundriss über die Holzschnitzereien und Skulpturen am Portal – alles wurde von Aleijadinho geschaffen. Mehrere Hundert Kilo Gold und Silber wurden verwendet beim Bau der **Nossa Senhora do Pilar** *(10 R$ | Praça Mons. Castilho Barbosa)*, der reichsten Kirche von Minas Gerais.

TAG 5–6

142 km

Zum Abschluss folgt ein Kontrastprogramm. **Dafür fahren Sie auf der Landstraße 356 Richtung Belo Horizonte**

und auf der MG 040 am südlichen Stadtrand vorbei nach Brumadinho zum ④ **Instituto Inhotim** **→ S. 36**. Über 100 Künstler aus über 30 Ländern stellen hier ihre Kunst im Dialog mit der Natur aus. Mäzen ist der durch Bergbau reich gewordene Bernardo Paz. Inhotim ist eine Metapher für das Brasilien der Zukunft: großzügig, ästhetisch, anregend. Planen Sie eine Übernachtung ein, z. B. in den in 1200 m Höhe gelegenen Chalets des ⑤ **Estalagem do Mirante** *(16 Zi. | Tel. 031 35 75 50 61 | www.estalagemdomirante.com.br | €€)* an der BR 040.

④ Instituto Inhotim

38 km

⑤ Estalagem do Mirante

4 AN DER KORALLENKÜSTE

START: ① Penedo
ZIEL: ⑨ Tamandaré

Strecke:
➡ 360 km

6 Tage
reine Fahrzeit
6 Stunden

KOSTEN: ca. 1000 Euro für Leihwagen, Unterkunft (2 Pers.) etc.
MITNEHMEN: Strandkleidung, Sonnen- und Mückenschutz

ACHTUNG: Bei Regen nicht zu empfehlen, Tour also besser im brasilianischen Sommer unternehmen
Buggytour in ② Piaçabuçu: *www.faroldafozecoturismo.com*

Die Strände von Alagoas, einem der kleinsten und ärmsten Bundesstaaten im Nordosten, gehören zu den schönsten Brasiliens. Nehmen Sie sich Zeit: Es lohnt sich anzuhalten und zu baden, im Schatten einer Palme zu dösen oder in einem der einfachen Restaurants Langusten zu essen.

Startpunkt ist ① **Penedo** am Rio São Francisco, 140 km südlich von Maceió. Das Zentrum mit seinen Barockkirchen und Kolonialbauten können Sie zu Fuß erkunden. **Dann fahren Sie Richtung Meer zur dünengesäumten Mündung des Flusses, wo die AL 101 nach Norden abknickt und zur Küstenstraße wird. Stellen Sie das Auto in** ② **Piaçabuçu ab,** und lassen Sie sich im Buggy durch die Dünen der Praia do Peba chauffieren. Die danach rechts der Straße folgenden Strände haben kaum Infrastruktur, aber wunderschön verträumte Abschnitte. Höhepunkt ist die in einem Kokoshain zwischen Lagune und Ozean gelegene ③ **Praia do Gunga. Auf der anderen Seite der Lagune folgt** ④ **Barra de São Miguel** mit einem hübschen Hafen. Bleiben Sie hier eine Nacht im **Kenoa Beach Resort** *(29 Zi. | Barramar |*

TAG 1
① Penedo

29 km

② Piaçabuçu

96 km

③ Praia do Gunga

11 km

④ Barra de São Miguel

Tel. 082 32 72 12 85 | www.kenoaresort.com | €€€), einem Luxushotel mit Spa in toller Lage.

TAG 2–3

10 km

⑤ **Praia do Françês**

22 km

⑥ **Maceió**

10 km weiter liegt ⑤ **Praia do Françês** mit Bars, viel Grün und Stränden: Seicht ist das Wasser durch ein vorgelagertes Riff im Norden, südlich brechen sich die Wellen für die Surfer. **Nach ⑥ Maceió, der Hauptstadt von Alagoas, sind es noch gut 20 km.** Hier konzentrieren sich die Hotels und Restaurants an der Uferpromenade, mit Strandbars zwischen Ponta Verde und Jatiúca. Alle Zimmer des Hotels **Brisa Tower** *(108 Zi. | Av. Álvaro Otacílio 4201 | Praia de Jatiúca | Tel. 082 21 22 40 00 | www.hotelbrisatower.com.br | €€)* haben Meerblick. Ein Klassiker fürs Abendessen ist das **Divina Gula** *(Mo geschl. | Rua Eng. Paulo Brandão Nogueira 85 | Stella Maris | Tel. 082 32 35 10 16 | €–€€)*. Am nächsten Tag lassen Sie sich mit einer Holz-Jangada zu den Korallenriffen zum Schnorcheln bringen.

TAG 4–5

100 km

Je weiter Sie nach Norden kommen, desto ruhiger werden die Strände. **Bei Barra de Santo Antônio müssen Sie einen Umweg auf der AL 413 über Passo de Camaragipe machen, bevor Sie wieder an die Küste kommen.** Im Inland dominiert Zuckerrohr, vereinzelt weiden Rinder. Zwischen Barra de Camaragipe und Japaratinga bekam die Strecke den Namen *Rota Ecológica*, weil sich viele der Pousadas um den Erhalt des ökologischen Gleichgewichts bemühen. **Der Weg führt durch die Fischerdörfer São Miguel dos Milagres, Porto da Rua und Porto de Pedras,** wo die

7 Pousada do Toque

32 km

8 Galés de Maragogi

TAG 6

112 km

9 Tamandaré

Zeit stehengeblieben zu sein scheint. Das Meer ist türkisgrün und sanft durch die vorgelagerten Korallenriffe. Bleiben Sie zwei Nächte in der 7 INSIDER TIPP **Pousada do Toque** *(17 Zi. | Tel. 082 32 95 11 27 | www.pousadadotoque.com.br | €€€)* an der Praia do Toque zwischen São Miguel und Porto da Rua. Die Chalets liegen in einem Garten, der Pool hat Meerblick. Nutzen Sie den freien Tag für einen Bootsausflug zum Schnorcheln am Korallenriff 8 **Galés de Maragogi**.

Zum letzten Abschnitt setzen Sie in Porto de Pedras mit einer Fähre über den Fluss nach Japaratinga. Bis ins 20 km entfernte Maragogi wird die Küste immer belebter. Fahren Sie weiter Richtung Norden über die Landesgrenze nach Pernambuco. Die Strandtour endet in 9 **Tamandaré, zu erreichen über die PE 076.** Die Praia dos Carneiros ist einer der schönsten Strände Pernambucos: weißer Sand, Palmen, kristallklares, seichtes Wasser mit Naturbecken voller bunter Fischchen. Und wenn die Natur schon so luxuriös ist, dann darf es auch die Unterkunft sein: **Pontal dos Carneiros Beach Bungalows** *(16 Zi. | Sítio dos Manguinhos | Tel. 081 36 76 23 65 | www.pontaldoscarneiros.com.br | €€€)*.

Imbisswagen in Maceió

SPORT & WELLNESS

Im Land des Körperkults gehören Sport und Wellness zum Alltag: Maniküre, Pediküre, Massage, Gesichtsbehandlung – das wurde schon immer beim Beautysalon gemacht, Walking, Jogging und Fahrradfahren am Strand.

Schon morgens um sechs füllen sich die Strandpromenaden und die Grünstreifen entlang der Straßen mit Läufern und Fahrradfahrern, bis spät in die Nacht wird auf beleuchteten Sportplätzen oder am Strand Fußball oder Volleyball gespielt. Sport und Wellness sind Teil des brasilianischen „Savoir vivre". Surfen können Sie überall in Brasilien, inzwischen auch Kiten und Stand-Up-Paddle. Wandern, Trecking, Klettern – Caving-Berge und Wälder ermöglichen die verschiedenen Extremsportarten. Einem europäischen Wellnesshotel am nächsten kommt ein brasilianischer *Spa,* ursprünglich eine Klinik zum Abnehmen in schöner Natur. Einige Luxushotels haben Spas, in denen Massagen und Bäder angeboten werden. Eine Bade- oder Saunakultur gibt es nur dort, wo es kalt wird – und das ist wohl der Grund, warum Wellness in Brasilien noch wenig verbreitet ist. Die ersten Hotels um die *Parques Aquáticos* in Caxambu und São Lourenço wurden bereits um die vorletzte Jahrhundertwende gebaut – und versprühen heute eher Retrocharme.

ANGELN

Große Fische können Sie im Feuchtgebiet Pantanal, in den Flüssen des Ama-

Wasser, Wellen, Wind: Sport in der Natur und ein ausgeprägtes Körperbewusstsein prägen den Homo esportivus brasiliensis

zonasgebiets und natürlich an der Küste angeln. Eigentlich braucht man dafür einen Angelschein, den man online beantragen kann *(sinpesq.mpa.gov.br)*; am Strand angeln oder mit einem Fischerboot rausfahren machen die meisten aber ohne. Hochseeangeln ist ein exklusives, weil teures Vergnügen und deshalb als Hobby bei Brasiliens Millionären beliebt. Angeltouren ins Pantanal und ins Amazonasgebiet werden von verschiedenen Agenturen angeboten. *www.amazonasangeln.com*

BODYSTUDIOS

Im Land des Körperkults gibt's an jeder Ecke Sportstudios. Auch an der Strandpromenade oder auf Stadtplätzen sind Sportgeräte aufgebaut. Nur zu, machen Sie mit – es bringt Spaß, und Sie lernen Leute kennen.

FAHRRAD FAHREN

Das Fahrrad ist vor allem auf dem Land ein wichtiges Transportmittel, aber Radfahren in Brasilien ist immer noch riskant: Radwege gibt es nur wenige, und im Straßenverkehr gilt das Recht des Stärkeren. Dennoch gibt es ein paar schöne Programme: Biken in Rios Zona Sul, Mountainbiking zwischen Rio und São Paulo oder in Bahia. Buchen Sie am besten über einen Anbieter wie *www.brazadv.de*. Weitere Informationen: *www.mobilicidade.com.br/bikerio*

GOLF

Golfplätze gibt es im Einzugsgebiet der großen Städte und in Urlaubsregionen, oft angeschlossen an eine Hotelanlage. Auch Nicht-Mitglieder werden meist akzeptiert. In Rio können Sie im *Gávea Golf-Club (www.gaveagolf.com.br)* in São Conrado putten, der *Clube de Campo (www.ccsp.org.br)* in São Paulo liegt in der Nähe der Autorennbahn in Interlagos. Infos zu den interessantesten Plätzen unter *www.brasiliengolf.ch*.

REITEN

Ausritte gehören auf den meisten Fazendas zum Standardprogramm, egal ob im Pantanal, bei den Gauchos oder den Kaffee-Fazendas *(www.cavalgadasbrasil.com.br)*. Reiturlaube buchen Sie am besten über einen Veranstalter wie *www.ridingbrazil.de*.

SURFEN

Brasilien ist ein Surfparadies. Entlang der fast 8000 km langen Küste gibt es viele Strände, an denen man surfen *(pegar onda)* kann. Die größten Wellen und die schönsten Strände gibt es auf Fernando de Noronha und bei Itacaré in Bahia. Die Top-Spots: Icaraí in Ceará, Praia da Pipa in Natal, Maracaípe in Pernambuco, Praia do Francês in Maceió, Itacaré in Bahia, Prainha in Rio, Maresias in der Nähe von São Paulo, Praia da Joaquina in Florianópolis und Torres in Rio Grande do Sul. Stand-up-Paddle ist der neue Hype, denn das geht bei ruhigem Wasser leichter. Überall finden Sie Bretter und Paddel zum Mieten.

Windsurf-Hochburgen sind die Strände und Lagunen Cearás, vor allem Jericoacoara, aber Sie können auch in Salvador, Búzios oder auf der Ilha Bela windsurfen. Zum Paradies der Kitesurfer ist der Nordosten Brasiliens geworden. Vor zehn Jahren kamen die ersten Surfer auf der Su-

Unterwegs mit Seepferdchen: Ausritt am Strand von Marajó

che nach dem perfekten Wind hierher. Inzwischen sind Ceará und Rio Grande de Norte zwischen September und März die Hotspots der weltweiten Surfercommunity. In der Pousada *Durobeach (17 Zi. | Rua Beatriz Correia 64 | Tel. 085 33 18 74 91 | www.durobeach.com | €–€€)* ist alles auf Kiter eingestellt: Unterbringung, Ausstattung, Unterricht.

TAUCHEN & SCHNORCHELN

Das Topziel für Taucher ist Fernando de Noronha, wo selbst Schnorchler sich wie im Aquarium fühlen. Auch vom Festland aus können Sie an verschiedenen Stellen im Nordosten zwischen Ceará und Pernambuco tauchen, Infos unter *www.tauchen-in-brasilien.de*. Abrolhos im Süden von Bahia ist ein Nationalpark und ein Paradies auch für ungeübte Taucher. Zu den besten Tauchgebieten gehören die Gegend um Búzios und die Ilha Grande im Staat Rio de Janeiro. Tauchen können Sie auch in Südbrasilien: Die Ilha do Arvoredo südlich von Florianópolis hat im Sommer gute Sichtverhältnisse und ist reich an riesigen Zackenbarschen, Rochen und Meeresschildkröten: *Patadacobra in Bombinhas (Tel. 047 33 69 21 19 | www.patadacobra.com.br)*. In der Gegend von Bonito schnorcheln und tauchen Sie im klaren Wasser der Flüsse – super auch für Ungeübte.

VOLLEYBALL

Nach Fußball ist Volleyball eine der beliebtesten Sportarten in Brasilien. Die Herren- wie die Damen-Nationalmannschaften liegen bei internationalen Turnieren meist auf den vordersten Plätzen. Und erst recht im Beachvolleyball gehören die brasilianischen Athleten zur Weltspitze. An den großen Stränden von Rio werden jetzt auch Trainingsstunden angeboten. *Futevolley* ist eine Erfindung der fußballvernarrten Cariocas: eine Art Beachvolleyball, gespielt mit den Füßen (und dem Kopf).

WANDERN & KLETTERN

Für Wanderer und Kletterer gibt es in Rio und Umgebung etliche gute Reviere, wie z. B. die Nationalparks von Tijuca und der Serra dos Órgãos bei Teresópolis, die Itatiaia-Region und die Insel Ilha Grande. In Südbrasilien sind die INSIDER TIPP Canyons der *Aparados da Serra* ein Erlebnis. In Bahia können Sie Touren in der Chapada Diamantina machen *(www.terrachapada.com.br)*. Am besten, Sie wenden sich an einen Veranstalter, da es meist keine ausgewiesenen Wanderwege gibt. Gehen Sie nicht alleine und ohne ortskundige Begleitung los! Man braucht einen Guide, der je nach Gebiet u. U. auch von der Behörde anerkannt sein muss: *Rio Hiking Tours (www.riohiking.com.br), Ecoturismo (www.ecoralph.com)*. *Rapel* heißt das Abseilen, das immer beliebter wird: von überhängenden Felsvorsprüngen, in Canyons, Höhlen oder an Wasserfällen – ein Nervenkitzel für Abenteuerlustige!

MIT KINDERN UNTERWEGS

Kinder sind in Brasilien fast überall willkommen und immer mit dabei – ob im Restaurant, im Karneval oder auf der Silvesterparty. Die meisten Brasilianer lieben es, mit Kindern zu spielen, Spaß zu machen oder sich zu unterhalten.

Kinderfreundlichkeit – den Begriff gibt es gar nicht, das ist eine Selbstverständlichkeit. Dazu kommt die Liebenswürdigkeit im Umgang und die auch auf Kinder zugeschnittene Infrastruktur touristischer Einrichtungen. Viele Hotels und Restaurants haben nicht nur eine Windelecke, sondern auch einen Spielbereich für Kinder oder Animateure für die jungen Gäste. Das Gitterbett für kleinere Kinder wird kostenlos ins Zimmer gestellt. Das freundliche Umfeld hilft über viele Stresssituationen hinweg.

Besonders geeignet für einen Urlaub mit Kindern sind natürlich Ferien am Meer. Im Nordosten ist das Wasser auch im brasilianischen Winter angenehm, im Südosten kann es dagegen richtig kalt sein – und hier wird es auch erheblich teurer. Der Aufenthalt auf einer Fazenda, wo die Kinder eng in Kontakt mit der Natur sind, ist ein ebenso aufregendes wie entspannendes Urlaubsprogramm. Die Kinder können reiten, angeln, die Umgebung erkunden, sehen, wo die Milch herkommt, oder in den Swimmingpool springen. Viele der Hotel-Fazendas im Umfeld von Rio de Janeiro und São Paulo haben ein riesiges Freizeitangebot. In den historischen Fazendas wird brasilianische Geschichte auch für Kinder verständlich (eine Adressenübersicht fin-

Badespaß am Strand, Naturbeobachtung und die Begegnung mit exotischen Tieren lassen keine Langeweile aufkommen

den Sie unter: *www.fazendasdobrasil.com*). Am abenteuerlichsten und spannendsten sind jedoch Ferienaufenthalte auf den Fazendas im Pantanal mit Piranha-Angeln (!) und Rindertreiben.

In den Resorthotels, die meist in herrlicher Umgebung liegen, ist die Natur gebändigt, und es gibt ein Unterhaltungsprogramm mit Sport- und Wellnessangeboten. Wer ein richtiges Kinderprogramm möchte, der sollte einen der Freizeitparks besuchen, die es im ganzen Land gibt.

DER SÜDOSTEN

INSTITUTO BUTANTAN

(146 C3) (*🕮 H6*)

Vier Fünftel aller Seren zur Behandlung von Schlangenbissen werden in Butantan hergestellt. Das Institut ist über 100 Jahre alt, aber Schlangen, Frösche, Spinnen und Eidechsen faszinieren auch heute noch. Außer dem biologischen gibt es ein historisches und ein mikrobiologisches Museum. *Di–So 9–16.30 Uhr | 7 R$, Kinder bis 7 J. frei | Av. Vital Brasil 1500 |*

Butantã | São Paulo | Tel. 011 37 26 72 22 | www.butantan.gov.br

MUSEU CATAVENTO SÃO PAULO
(146 C3) (🗺 H6)
Warum stehen Haare zu Berge? Erkennen Sie den Vogel am Gesang? Haben Sie schon mal einen Meteoriten angefasst? In dem naturwissenschaftlichen Museum im *Pálacio das Indústrias* ist vieles zum Ausprobieren. Kommen Sie am Wochenende, denn unter der Woche kommen viele Schulklassen. *Di–So 9–17 Uhr | 6 R$, Kinder (4–12 J.) 3 R$ | Praça Cívica Ulisses de Guimarães*

ZOOLÓGICO **(146 C3) (🗺 H6)**
Über 3000 Tiere sind in den Gehegen des Zoologischen Gartens von São Paulo zu sehen. Der Zoo ist von Resten atlantischen Regenwalds umgeben. Es gibt auch Nachtbesuche und Führungen. *Di–So 9–17 Uhr | 20 R$, Kinder (5–12 J.) 7 R$, unter 5 J. frei | Av. Miguel Estefano 4241 | Água Funda | www.zoologico.com.br*

DER NORDOSTEN

BEACH PARK FORTALEZA
(141 E3) (🗺 J2)
Die ultimative Wasserpark-Anlage auf 35 000 m² mit eigenem Meeresstrand, der Praia de Porto das Dunas, und Hotelanlage, 27 km östlich von Fortaleza. *Tgl. 11–17 Uhr, Nebensaison Mi/Do geschl. | Eintritt 195 R$, Kinder 185 R$, 3-Tageskarte 280 R$ | www.beachpark.com.br*

I-PARK **(141 E3) (🗺 J2)**
Der Freizeitpark 30 km südlich von Fortaleza mit Tarzan-Schwinger, Kletterwand und einem See mit Kajaks auf der Fazenda *Ipioca* macht auch größeren Kindern Spaß. Die Eltern interessieren sich meist mehr für das *Museu da Cachaça* des landesweit größten Herstellers von Zuckerrohrschnaps. *Mi–So 8.30–17 Uhr | Eintritt 32 R$ (Erw. und Kinder) | CE 065, Rod. Sen. Virguílio Távora | Maranguape | www.ipark.tur.br*

PROJETO BALEIA-JUBARTE
(143 F2) (🗺 J5)
Von Juli bis November kommen die Wale aus der Antarktis in die warmen Gewässer Bahias zur Paarung und Aufzucht der Jungen. Die bis zu 16 m großen und bis zu 40 t schweren Tiere können Sie in Begleitung von Biologen der Forschungsstation *Instituto Baleia Jubarte* beobachten. In der Walsaison können Sie zwischen Abrolhos und Praia do Forte an mehreren Stellen rausfahren. Touranbieter unter *www.baleiajubarte.org.br, www.portomar.com.br*

PROJETO TAMAR PRAIA DO FORTE
(141 E6) (🗺 J5)
Von Santa Catarina bis Ceará gibt's Stützpunkte des Projekts. Das Hauptquartier der Organisation zum Schutz der Meeresschildkröten liegt in Praia do Forte, Bahia, wo auch andere Meerestiere in Becken und Aquarien zu sehen sind. Dez.–Feb. kann man zuschauen, wie die geschlüpften Schildkröten am Strand ins Meer entlassen werden. *Tgl. 9–17.30 Uhr | 16 R$ | Av. Farol Garcia D'Avila | Praia do Forte | www.tamar.org.br*

AMAZONIEN

BOSQUE DA CIÊNCIA **(139 D3) (🗺 E2)**
Für einen Ausflug mit Kindern eignet sich der zum Nationalen Forschungsinstitut Amazoniens (INPA) gehörenden Park mit Tieren und Pflanzen des Regenwalds, Indiohütten und einer kleiner naturwissenschaftlichen Ausstellung. *Di–Fr 9–12, 14–17, Sa/ So 9–17 Uhr | 5 R$, Kinder bis 10 J. frei | Rua Otávio Cabral | Aleixo | Manaus | www.bosque.inpa.gov.br*

Zum Karneval bunt herausgeputzt: Mädchen beim Eisessen

DER WESTEN

BONITO (142 B3) (F6)

Eine Reise ins Pantanal oder nach Bonito werden Ihre Kinder nie vergessen. Zu intensiv sind die Eindrücke, die die geballte Natur hinterlässt. Wer sich nicht für eine abgelegene Fazenda entscheiden mag, geht nach Bonito. Nirgends sonst in Brasilien ist Naturtourismus so gut organisiert wie hier. Im Hotel INSIDER TIPP *Santa Esmeralda (18 Zi. | Antiga Estrada Bonito–Guia Lopes | Tel. 067 32 55 26 83 | www.hotelsantaesmeralda.com.br | €€–€€€)* kommen Araras zu Besuch. Wasserschweine, Affen und Vögel müssen beim Frühstück draußen bleiben, und der Rio Formoso, der am Hotel verläuft, eignet sich zum Schwimmen, Schnorcheln und Kajakfahren. Besuchen Sie das *Balneário Municipal,* ein Naturfreibad, und bewundern Sie die Fische im klaren Wasser. Es gibt auch geführte Touren, die mit Kindern machbar sind.

DER SÜDEN

BETO CARRERO WORLD (146 B6) (G7)

Brasiliens Disney-Park liegt in Penha bei Florianópolis. Früher zog Beto Carrero mit einem Zirkus durchs Land, heute gibt es hier Tiershows und Karussells. *Tgl. 9–19 Uhr | Eintritt 130 R$, Kinder 95 R$, 3-Tage-Pass 215 R$ | Rua Inácio Francisco de Souza 1597 | Praia de Armação | www.betocarrero.com.br*

CANELA/GRAMADO (142 C5) (G7)

Die Schwesterstädte in Rio Grande do Sul pflegen das Brauchtum ihrer europäischen Vorfahren. Dazu gehören Marmelade, Kuchen und Schokolade, die hier in Manufakturen hergestellt werden, z. B. bei *O Reino do Chocolate (Av. das Hortênsias 5382 | Canela)*. In der Vorweihnachtszeit werden Häuser und Bäume geschmückt, Weihnachtsmärchen und -lieder präsentiert.

EVENTS, FESTE & MEHR

Unbändige Lebensfreude und die Fähigkeit, trotz der oft widrigen persönlichen Situation den Moment zu zelebrieren, sind die Stärken der meisten Brasilianer.

FESTE & VERANSTALTUNGEN

JANUAR

Das ★ ***Bonfim-Fest*** *(2. Do)* in Salvador ist die wichtigste *lavagem* des bahianischen Sommers, zu der 1 Mio. Menschen kommen. *Lavagem* heißen die rituellen Waschungen der Kirchen katholischer Schutzheiliger durch die weiß gekleideten Bahianerinnen des Candomblé.

FEBRUAR/MÄRZ

Am 2. Feb. feiern die Bahianer die INSIDER TIPP ***Festa de Yemanjá***. Dann werden der afrikanischen Meeresgöttin Blumen und Geschenke gebracht, die die Fischer in riesigen Körben dem Meer übergeben.

★ ***Karneval*** (s. S. 23) wird – abhängig vom religiösen Kalender – im Februar oder März gefeiert. Dann steht in ganz Brasilien der Alltag still, auch wenn nicht alle Brasilianer feiern. Viele nutzen die Tage für eine Reise, um vor dem Karneval zu flüchten, zur Entspannung oder eben doch zum Feiern.

MÄRZ/APRIL

Die ***Osterprozessionen*** in den Barockstädten von Minas Gerais beeindrucken durch die Hingabe der Mitwirkenden.

APRIL/MAI

Das INSIDER TIPP ***Opernfestival in Manaus*** wird ab Ende April vier Wochen im Teatro Amazonas veranstaltet.

JUNI

Die INSIDER TIPP ***Festas Juninas*** („Junifeste") zu Ehren der Schutzheiligen Santo Antônio (13.), São João (24.) und São Pedro (29.) sind auf dem Land im Nordosten wichtiger als Karneval. In jedem noch so kleinen Ort wird São João mit geröstetem Mais, Erdnüssen, Likör und viel Forró-Musik gefeiert. Festhochburgen: Caruaru und Campina Grande.

In Maranhão werden zwischen Juni und August zahlreiche ***Bumba-meu-boi***-Feste veranstaltet. *Bumba-meu-Boi* ist ein Mysterienspiel, das mit viel Musik (Ziehharmonika, Tamburin und Membraphon) endet.

Festival de Parintins: Zum dreitägigen Wettstreit um die beste Tanzpräsentation kommen am letzten Juniwochenende bis zu 40 000 Besucher nach Parintins (Amazonas).

Karneval und die Feste der Schutzheiligen: Lebensfreude, Musik und Tanz, Essen und Trinken sind immer dabei

AUGUST

Festa da Boa Morte in Cachoeira: Die Prozession mit Samba am 15. Aug. ist der Höhepunkt des Fests der *Irmandade da Boa Morte,* der einzigen „schwarzen“ Schwesternschaft Brasiliens.

Die ***Festa do Peão Boiadeiro*** in Barretos, das größte Country-Fest Brasiliens, wird seit 50 Jahren in der 2. Augusthälfte mit Musikshows und Rodeos veranstaltet.

OKTOBER

Das zweiwöchige ***Oktoberfest*** in Blumenau ist seit den 1980er-Jahren beliebt.

Zum ***Círio de Nazaré*** kommen am 2. Oktoberwochenende über 1 Mio. Menschen nach Belém. Bei der Prozession wird das Bild der hl. Mutter von Nazareth zur Basilika getragen.

DEZEMBER

Silvester verbringt man am besten am Strand. Dann sind die meisten Menschen weiß gekleidet und bitten die Meeresgöttin um die Erfüllung ihrer Wünsche. Zur tollsten ★ Silvesterparty Brasiliens am Strand von Copacabana in Rio kommen über 1 Mio. Menschen, um das neue Jahr mit großartigem Feuerwerk willkommen zu heißen.

FEIERTAGE

1. Jan.	Neujahr
März/April	Karfreitag
21. April	*Tiradentes* (Revolutionstag)
1. Mai	Tag der Arbeit
Mai/Juni	Fronleichnam
23. Juni	Johannisfest
7. Sept.	Unabhängigkeit Brasiliens
12. Okt.	*N. S. Aparecida* (Schutzheilige Brasiliens)/Tag der Kinder
2. Nov.	Allerseelen
15. Nov.	Ausruf. der Republik
25. Dez.	Weihnachten

LINKS, BLOGS, APPS & CO.

LINKS & BLOGS

www.marcopolo.de/brasilien Alles auf einen Blick zu Ihrem Reiseziel: Interaktive Karten inklusive Planungsfunktion, Impressionen aus der Community, aktuelle News und Angebote ...

www.brasilienportal.ch Inzwischen schon fast ein „Klassiker" ist dieses Informationsportal zu Brasilien (Deutsch)

www.brasilien-links.de Portal mit Links zu allen Themenbereichen zu Brasilien: Reiseinfos, Sprachkurse, soziale Projekte, Blogs, Online-Shops u. v.m.

www.tropenwaldnetzwerk-brasilien.de Forum von 30 Nichtregierungs-Organisationen, die sich mit ökologischen, sozialen und kulturellen Fragen zum Tropenwald in Brasilien befassen

www.sambafoot.com Für Fußballfans: brandaktuell mit allen Ergebnissen und Informationen zu Spielern, Clubs und Spielen (auch Engl., Span., Franz.)

www.braziltravelblog.com Regelmäßig aktualisierter Blog mit den Erfahrungen und Tipps anderer Reisender (Englisch)

brasilienaktuell.blogspot.com Wirtschaftsblog mit seriösem Zahlen- und Hintergrundmaterial; nicht nur für Geschäftsleute interessant (Deutsch)

brasilienmagazin.net Nachrichten und Reportagen aus Brasilien mit Schwerpunkt Unterhaltung und Tourismus (Deutsch)

short.travel/bra3 Die Brasilien-Seite der Geo-Reisecommunity bietet umfangreiche Informationen, Tipps, Reiseberichte, Blogs und Fotos und ermöglicht wertvollen Erfahrungsaustausch mit anderen Travellern

short.travel/bra4 Informatives und hilfreiches Reiseforum der rührigen internationalen Lonely-Planet-Gemeinde (auf Englisch)

Egal, ob für Ihre Reisevorbereitung oder vor Ort: Diese Adressen bereichern Ihren Urlaub. Da manche sehr lang sind, führt Sie der short.travel-Code direkt auf die beschriebenen Websites. Falls bei der Eingabe der Codes eine Fehlermeldung erscheint, könnte das an Ihren Einstellungen zum anonymen Surfen liegen

VIDEOS & MUSIK

www.brazilianmusic.com Brasilianische Musik und ihre Interpreten, Biografien und Diskografien – umfassender geht's nicht. Mit Hörbeispielen und allen Infos (Englisch und Portugiesisch)

short.travel/bra1 90 stimmungsvolle Minuten mit impressionistischen Bildern von Landschaften und Menschen – ein Film ohne Kommentar

short.travel/bra5 Zum Einstieg: tolle Doku-Reise vom Süden Brasiliens bis zum Amazonas, vom Dirndl über afrikanische Magie zur indigenen Kultur: „Sehnsuchtsland Brasilien. Von Menschen, Träumen, Traditionen" (Phoenix 2014, 45 Min.)

www.brazilmycountry.com Von einer Brasilianerin gemachte Homepage mit vielfältigen Infos über Brasilien, z. B. auch zum Essen (Engl./Port.). Über 60 Podcasts gibt es schon – von Afro-Sambas bis zu Chiclete com Banana, sehr schöne Auswahl von Musiktiteln und -richtungen

muquecadesiri.podomatic.com Samba-Web Radio aus Rio de Janeiro, seit über fünf Jahren im Netz mit aktueller Musik und Infos (Portugiesisch)

short.travel/bra6 Hier finden Sie gleich sechs Stunden Musikvideos mit Schwerpunkt Samba, Pagode und Karneval

APPS

Hot Rádio Brasil Mit dieser kostenlosen App sind Sie immer nah am Puls von Brasilien. Es lassen sich fast alle Radiostationen in Brasilien empfangen

Brasil Experience Mobile – Guia Turístico Die Apps liefern Infos zu Restaurants, Hotels und Sehenswürdigkeiten in der Nähe des Standorts. Bisher erhältlich für Rio, São Paulo, Brasília, Belo Horizonte und Florianópolis

Infraero Voos Online Infos zu Ankunft und Abflugzeiten in 50 brasilianischen Flughäfen; Sie erfahren außerdem, wie weit Sie vom nächsten Flughafen entfernt sind (gratis)

Aves do Brasil – Mata Atlântica iPhone in den Urwald halten, und die App erkennt, welcher Vogel da gerade singt

PRAKTISCHE HINWEISE

ANREISE

São Paulo und Rio de Janeiro erreichen Sie mit Direktflügen aus Europa: mit Lufthansa ab Frankfurt/M. und München *(www.lufthansa.com)*, mit Swiss ab Zürich *(www.swiss.com)*. Auch KLM, Iberia, British Airways und Air France fliegen mehrmals die Woche. Die meisten Verbindungen nach Brasilien unterhält die portugiesische TAP *(www.flytap.com)*. Auch die brasilianische TAM fliegt direkt nach Frankfurt *(www.tam.br.com)*. Die Preise variieren je nach Fluggesellschaft und Jahreszeit. Ein Ticket kostet zzt. ab 800 Euro aufwärts, mit Glück gibt es ein Schnäppchen für um die 600 Euro. Condor fliegt zweimal die Woche von Frankfurt direkt nach Recife und Salvador *(www.condor.de)*. Auch aus dem europäischen Ausland kommen Sie mit Charterflügen in den brasilianischen Nordosten, z. B. mit Air Europa ab Spanien. Die Flugzeit aus Deutschland beträgt 10–12 Stunden.

AUSKUNFT

www.embratur.gov.br | www.visitbrazil.com

AUTO & MIETWAGEN

Einen Leihwagen bekommen Sie an jedem Flughafen und in den größeren Städten. Dafür brauchen Sie einen internationalen Führerschein und eine Kreditkarte. Das Auto muss dort wieder abgegeben werden, wo es ausgeliehen wurde, sonst wird es extrem teuer. Die lokalen Anbieter sind oft günstiger *(80–180 R$/ Tag)* als die internationalen Firmen. Eine komplette Vollkaskoversicherung gibt es nicht, ein Eigenanteil bleibt im Schadensfall erhalten. Bitte eine beglaubigte portugiesische Übersetzung des Führerscheins dabei haben. Die Mietwagenfirmen fragen nicht danach, aber die Straßenpolizei macht gern Schwierigkeiten bei einem nationalen Führerschein oder der europäischen Führerscheinkarte.

Bedenken Sie, dass Autofahren in Brasilien gefährlicher ist als in Deutschland: Die z. T. schlechten Straßenverhältnisse, die unzureichend ausgeschilderte Straßenführung, dazu der flotte Fahrstil und das Ignorieren vorhandener Verkehrszeichen erhöhen das Risiko. Nachts sollten Sie außerhalb der Städte aus Sicherheitsgründen nicht unterwegs sein.

GRÜN & FAIR REISEN

Auf Reisen können auch Sie viel bewirken. Behalten Sie nicht nur die CO_2-Bilanz für Hin- und Rückreise im Hinterkopf *(www.atmosfair.de; de.myclimate.org)* – etwa indem Sie Ihre Route umweltgerecht planen *(www.routerank.com)* – , sondern achten Sie auch Natur und Kultur im Reiseland *(www.gate-tourismus.de; www.ecotrans.de)*. Gerade als Tourist ist es wichtig, auf Aspekte wie Naturschutz *(www.nabu.de; www.wwf.de)*, regionale Produkte, wenig Autofahren, Wassersparen und vieles mehr zu achten. Wenn Sie mehr über ökologischen Tourismus erfahren wollen: europaweit *www.oete.de*; weltweit *www.germanwatch.org*

Von Anreise bis Zoll

Urlaub von Anfang bis Ende: die wichtigsten Adressen und Informationen für Ihre Brasilien-Reise

BANKEN & KREDITKARTEN

Euro oder Schweizer Franken können Sie in Brasilien bei der Banco do Brasil tauschen. Das geht allerdings nicht in jeder Filiale, und meist fallen dabei Gebühren an. Besser tauschen Sie meist in den Wechselstuben *(casas de câmbio)*, die in den Flughäfen oder den Stadtzentren liegen. Problemlos Bargeld bekommen Sie an Geldautomaten. Dafür benötigen Sie eine EC-Karte mit Maestro/Cirrus-Symbol oder eine Kreditkarte und PIN-Nummer. Beim Abheben an Geldautomaten sollten Sie darauf achten, dass Sie nicht beobachtet werden, und das Geld nicht öffentlich nachzählen. Aus Sicherheitsgründen haben die meisten Geldautomaten abends und nachts eine Auszahlungssperre.

Weit verbreitet ist die Zahlung mit Kreditkarten – meist Visa oder Mastercard –, auch bei kleineren Beträgen. Über die Maestro/Cirrus-Geldkarte mit PIN-Nummer können Sie in vielen Geschäften auch direkt vom deutschen Konto zahlen. Travellerschecks sind eher schwierig zu tauschen.

DIPLOMATISCHE VERTRETUNGEN

DEUTSCHE BOTSCHAFT

Av. das Nações | Quadra 807, Lote 25 | Setor Sul | 70415900 Brasília/DF | Tel. 061 34 42 70 00 | www.brasil.diplo.de

ÖSTERREICHISCHE BOTSCHAFT

Av. das Nações | Quadra 811, Lote 40 | Setor Sul | 70426900 Brasília/DF | Tel. 061 34 43 31 11 | www.bmeia.gv.at/botschaft/brasilia.html

BOTSCHAFT DER SCHWEIZ

Av. das Nações | Quadra 811, Lote 41 | Setor Sul | 70448900 Brasília/DF | Tel. 061 34 43 55 00 | www.eda.admin.ch/brasilia

WÄHRUNGSRECHNER

€	BRL	BRL	€
1	3,64	1	0,27
2	7,28	20	5,40
3	10,92	25	6,75
4	14,56	30	8,10
5	18,20	40	10,80
7	25,48	50	13,50
10	36,40	70	18,90
25	91,00	125	33,75
125	455,00	150	40,50

EINREISE

Bei der Einreise nach Brasilien muss der Reisepass noch mindestens sechs Monate gültig sein. Von der *Polícia Federal* bekommen Sie ein 90 Tage gültiges Touristenvisum. Das ausgefüllte Einreiseformular müssen Sie mit dem Pass vorzeigen und aufbewahren. Wollen Sie länger bleiben, können Sie noch einmal um 90 Tage verlängern. Bei der Ausreise müssen Sie das Einreiseformular wieder abgeben.

GESUNDHEIT

Wer die übliche Vorsicht walten lässt (kein ungeschältes Obst essen, kein Wasser aus dem Hahn trinken) und sich bestmöglich vor Mückenstichen schützt, wird kaum Probleme bekommen. Viele Medikamente erhalten Sie rezeptfrei in der Apotheke. Bei Ärzten müssen Sie die Behandlung erst einmal selbst bezahlen. Auch im Krankenhaus sollte man die Kreditkarte dabeihaben. Impfungen sind bei der Einreise aus Europa nicht vorgeschrieben. Sinnvoll sind die üblichen Schutzimpfungen gegen Tetanus, Diphtherie, Polio, Typhus und Hepatitis A. Für Amazonien und das Pantanal sollte man eine Gelbfieberimpfung machen und das auch nachweisen können, da gelegentlich kontrolliert wird. Dengue-, Zika-, und Chikungunjafieber werden durch die Aedes-Ägyptis-Mücke übertragen. Bisher gibt es keinen Impfstoff, verwenden Sie also Insektenschutz, und tragen Sie geschlossene Kleidung, um nicht gestochen zu werden.

INLANDSFLÜGE

Gol (www.voegol.com.br) und *TAM (www.tam.com.br)* sind die wichtigsten nationalen Fluggesellschaften des Landes. Die *Varig* gehört inzwischen zur Gol, aber mehrere kleinere Fluggesellschaften mit meist günstigen Tarifen sind inzwischen hinzugekommen, wie *Azul (www.voeazul.com.br)*, *Avianca (www.avianca.com.br)* und *Trip (www.voltrip.com.br)*. Wenn Sie mehere Inlandsflüge planen, empfiehlt sich ein *Brazil Airpass* z. B. von TAM, Kosten je nach Dauer und Umfang ab 670 US$. Ein Airpass kann allerdings nur vor Antritt der Reise und nur im Ausland in Verbindung mit der Anreise gekauft werden.

BÜCHER & FILME

Brasilien. Ein Land der Zukunft – Noch immer aktuell ist Stefan Zweigs Liebeserklärung (1941) an das Land, in dem er sein letztes Lebensjahr verbrachte.

Brasilien, Brasilien – Das epische Werk (1984) des bahianischen Autors João Ubaldo Ribeiro schildert plastisch die brasilianische Geschichte.

Die Herren des Strandes – Keiner hat die Menschen Bahias so treffend beschrieben wie Jorge Amado in über 20 Romanen. Dieser (1937) erzählt vom harten Leben der Straßenkinder.

Moro no Brasil/Brasileirinho – Zum Einstieg eignen sich die musikalischen Roadmovies des Filmemachers Mika Kaurismäki: das erste eine Reise von Rio in den Nordosten (2002), das zweite ein Film über Chorinho-Musik (2006).

Cidade de Deus/Cidade dos Homens – In den Filmen (2002/2007) von Fernando Meirelles geht es um den Alltag Jugendlicher in den Favelas und Vorstädten von Rio zwischen Familie, Freunden, Drogendealern und Polizei.

Tropa de Elite 1 + 2 – Die Geschichte des Capitão Nascimento, die der Filmemacher José Padilha erzählt (2007/2010), zeigt die harte Realität Rio de Janeiros: Geschichten von Drogenbossen und Polizei. Der erste Teil wurde mit dem Goldenen Bären in Berlin ausgezeichnet.

Der Sommer mit Mamã – Der Film (2015) von Anna Muylaert erzählt die Geschichte der Hausangestellten Val in São Paulo. Als deren Tochter aus dem Nordosten nachkommt, bringt das den Alltag der Mittelklassefamilie gehörig durcheinander.

INTERNETCAFÉS & WLAN

Internetcafés gibt es in ganz Brasilien, WLAN-Hotspots inzwischen auch in abgelegenen Gegenden; in den bessseren Hotels gehört WLAN zum Standard – allerdings ist dieser Service nicht immer kostenlos.

JUGENDHERBERGEN

Die Zahl der Hostels in Brasilien ist in den letzten Jahren gestiegen. Außer Gruppenräumen (10–20 Euro/Pers.) gibt es auch DZ (ab 50 Euro). Ermäßigungen gibt es mit Jugendherbergsausweis *(www.hostel.org.br)*. In den zur *Hostelling International Association* gehörenden HI-Hostels ist die Qualität meist gut: *www.hihostels.com*.

KLIMA & REISEZEIT

Brasilien liegt auf der Südhalbkugel, das bedeutet: Die Sommermonate sind Dez.–Feb., Winter ist Juni–Aug. Dann regnet es häufiger, und in São Paulo brauchen Sie eine warme Jacke. Zum Badeurlaub eigenen sich die Strände im Süden nur im Sommer. Im Nordosten können Sie das ganze Jahr über ins Wasser. In Rio und Umgebung haben Sie immer eine kalte Strömung, Juli/Aug. kann es recht frisch sein. Die Costa Verde südlich von Rio hat den Namen vom vielen Regen, der vor allem in den Sommermonaten fällt. Auch in den Bergen des Südostens kann im Sommer heftiger Regen fallen. Die Nähe zum Äquator bestimmt das tropische Klima: Je weiter südlich, desto größer sind die Temperaturunterschiede zwischen Sommer und Winter; in Südbrasilien kann es sogar schneien. Dicht am Äquator ist es heiß und regnet es viel. Die Regenzeit fällt in den Sommer, die trockeneren Monate sind April–Sept. Hochsaison in Brasilien ist Mitte Dez.–Mitte Feb., Zeit der Sommerferien. Auch Juni/Juli ist Ferien- und Reisezeit, rund um die Johannisfeste gibt es frei. Karneval und Silvester verdreifachen sich die Preise. Die schönsten Reisezeiten für ganz Brasilien sind Okt./Nov. und März/April.

WAS KOSTET WIE VIEL?

Caipirinha	ab 4 Euro *für einen Drink*
Bier	2,50–4 Euro *Glas oder Flasche*
Flip-Flops	ab 10 Euro *für ein Paar*
Acarajé	ab 2,50 Euro *für ein Teigbällchen mit Beilagen*
Benzin	um 0,80 Euro *für einen Liter Normal*
T-Shirt	ab 15 Euro *für ein Shirt*

NOTRUF

Polizei (Tel. 190), Feuerwehr (Tel. 193) – aber: ohne Sprachkenntnisse ist die Kommunikation schwierig.

ÖFFENTLICHE VERKEHRSMITTEL

Mit dem Bus kommen Sie in Brasilien überall hin, Bahnlinien gibt's dagegen kaum. Die Busse der Überlandstrecken sind modern und je nach Klasse sehr bequem, besonders die Liegebusse *(leitos)*. Wegen der niedrigen Flugpreise lohnt es sich aber auch schon auf mittleren Strecken zu fliegen (s. Inlandsflüge).

Die Metros in Rio de Janeiro, São Paulo und Porto Alegre funktionieren perfekt.

POST

Briefe, Postkarten und Päckchen bringt man zu einem Postamt *(correio)*, denn öffentliche Briefkästen gibt es so gut wie gar keine. Die Öffnungszeiten der Postämter sind normalerweise Mo–Fr 8–17 und Sa 8–12 Uhr. Briefe nach Europa sind rund zwei Wochen unterwegs; das Porto für einen Standardbrief beträgt zzt. ca. 1 Euro.

PREISE & WÄHRUNG

Rund 20 Jahre lang hatte Brasilien eine stabile Währung, seit 2015 ist das vorbei. Inzwischen geht es rauf und runter, aber die wichtigste Tendenz ist der starke Kursverfall des brasilianischen Real. Inzwischen liegt der Kurs bei über 4 R$ für 1 Euro. Im Hotel gibt's weniger. Die größte Real-Note ist der blaue 100-Real-Schein, den Sie jedoch selten bekommen. Häufiger im Umlauf sind die braunen 50-Real-Scheine. Die kleineren Noten zu 20 (gelb), 10 (rot), 5 (lila) und 2 (blau) sollten Sie immer dabeihaben. Die Münze zu 1 Real erinnert an die 1-Euro-Münze, außerdem gibt es je zwei verschiedene 50-, 25-, 10- und 5-Cent-Münzen.

Durch die Abwertung des Real ist Reisen in Brasilien für Europäer günstiger geworden. Dennoch ist besonders im Südosten das Preisniveau vergleichsweise hoch. Der Aufenthalt in Lodges in Amazonien und im Pantanal ist – auch bedingt durch die schwierige Versorgung – teuer. Am günstigsten machen Sie Ferien im Nordosten.

WETTER IN RIO DE JANEIRO

	Jan.	Feb.	März	April	Mai	Juni	Juli	Aug.	Sept.	Okt.	Nov.	Dez.
Tagestemperaturen in °C	30	30	29	27	26	25	25	25	26	26	26	28
Nachttemperaturen in °C	23	23	23	21	20	18	18	18	18	20	20	22
Sonnenschein Stunden/Tag	7	7	7	6	6	6	6	7	5	5	6	6
Niederschlag Tage/Monat	13	11	9	9	6	5	5	4	5	11	10	12
Wassertemperaturen in °C	25	25	26	25	24	23	22	22	22	22	23	24

 Sonnenschein Stunden/Tag · Niederschlag Tage/Monat · Wassertemperaturen in °C

PRIVATUNTERKÜNFTE

Inzwischen sind Privatunterkünfte, vor allem in den großen Städten, eine angenehme Alternative zu Hotels und Pousadas. Es gibt einzelne Zimmer, Wohnungen oder Häuser. Die Brasilianer mieten vor allem in den Sommerferien und an Feiertagen. Außerhalb der Saison ist es günstiger. *www.airbnb.com.br | www.aluguetemporada.com.br*.

SICHERHEIT

In kleinen Orten am Strand, in den Bergen oder in der Wildnis des Pantanal müssen Sie sich keine Gedanken um Ihre Sicherheit machen. In den Großstädten jedoch ist Kriminalität Thema Nr. 1. Hier sollten Sie nach Einbruch der Dunkelheit einsame Ecken und den Strand meiden. Sollten Sie in einen Überfall geraten, leisten Sie auf keinen Fall Widerstand. Denken Sie daran, dass alles zu ersetzen ist, besonders wenn Sie eine Reisegepäckversicherung abgeschlossen haben.

STROM

Meist liegt die Stromspannung bei 110 Volt, in manchen Regionen sind es aber auch 220 Volt. Schauen Sie genau nach, oder erkundigen Sie sich vorher.

TELEFON & HANDY

Das brasilianische Telefonnetz ist gut ausgebaut, funktionierende öffentliche Telefone zu finden, ist aber schwierig. Bei Auslandsgesprächen wählen Sie 00 plus einen Anbieter, plus Ländervorwahl (Deutschland 49, Österreich 43, Schweiz 41). Die Vorwahl nach Brasilien ist 0055. Bei Inlandsferngesprächen wählen Sie 0 plus Anbieter plus Vorwahl. Handys *(celulares)* funktionieren inzwischen fast überall. Einen lokalen Chip der vier großen Anbieter *Vivo, Tim, Claro* oder *Oi* können Sie nur mit brasilianischer Steuernummer (CPF) kaufen. Die haben Sie natürlich nicht. Häufig sind aber Taxifahrer, Verkäuferinnen in den Telefonläden oder Servicekräfte in den Hotels bereit, Ihnen mit ihrer eigenen CPF auszuhelfen. Dafür sollten Sie sich mit einer kleinen Aufmerksamkeit bedanken. Die Prepaidkarte bekommen Sie meist schon mit einem kleinen Guthaben *(pré-pago)*.

TRINKGELD

Die meisten Restaurants und Bars berechnen automatisch 10 Prozent Trinkgeld. Im Allgemeinen wird diese *taxa de serviço* bezahlt, es besteht jedoch keine gesetzliche Verpflichtung dazu. Wenn Sie zufrieden waren, runden Sie auf, meist lebt der Kellner vor allem vom Trinkgeld, so wie Kofferträger und andere Dienstleister, die sich über eine *gorjeta* freuen.

ZEIT

In Brasilien gibt es vier Zeitzonen. Im größten Teil des Landes gilt die Uhrzeit von Brasília; der Zeitunterschied zur MEZ liegt bei vier Stunden. Je nach Sommerzeitterminen kann die Zeitverschiebung drei oder fünf Stunden betragen.

ZOLL

Im Flugzeug bekommen Sie bei der Einreise eine Zolldeklaration, die Sie ausfüllen, wenn Sie zollpflichtige Waren dabei haben. Gegenstände des persönlichen Bedarfs und Geschenke bis 500 US$ sowie Bargeld bis zu 10 000 R$ sind frei. Bei der Rückreise in ein EU-Land dürfen abgabenfrei eingeführt werden: Waren im Wert von 430 Euro, 200 Zigaretten, 1 l Spirituosen und 2 l Wein.

SPRACHFÜHRER PORTUGIESISCH

AUSSPRACHE

Zur Erleichterung der Aussprache sind alle portugiesischen Wörter mit einer einfachen Aussprache in eckigen Klammern versehen. ' vor einer Silbe bedeutet, dass die nachfolgende Silbe betont wird. Das L wird „dunkel" wie im Englischen, das sch in den meisten Fällen stimmhaft wie in „Genie" ausgesprochen.

AUF EINEN BLICK

ja/nein/vielleicht	sim [ßiing]/não [nau]/talvez [tal'wesch]
bitte	se faz favor [ß fasch fa'wor]
danke	obrigado (m)/obrigada (f) [obri'gadu/obri'gada]
Entschuldige!	Desculpa! [disch'kulpa]/
Entschuldigen Sie!	Desculpe! [disch'kulp]
Darf ich ...?	Posso ...? ['poßu]
Wie bitte?	Como? ['komu]
Ich möchte .../	Queria ... [kö'ria]
Haben Sie ...?	Tem ...? [täi]
Wie viel kostet ...?	Quanto custa ...? ['kuantu 'kuschta]
Das gefällt mir (nicht).	(Não) Gosto disto. [(nau) 'goschtu 'dischtu]
gut/schlecht	bem [bäi]/mal [mal]
kaputt/funktioniert nicht	estragado [ischtra'gadu]/não funciona [nau fung'ziona]
zu viel/viel/wenig	demais [de'maisch]/muito ['muitu]/pouco ['poku]
alles/nichts	tudo ['tudu]/nada ['nada]
Hilfe!/Achtung!	Socorro! [ßu'korru]/Atenção! [atten'ßau]
Krankenwagen	ambulância [ambu'langßia]
Polizei/Feuerwehr	polícia [pu'lißia]/bombeiros [bom'bäirusch]
Verbot/verboten	interdição [interdi'ßau]/proibido [prui'bidu]

BEGRÜSSUNG & ABSCHIED

Gute(n) Morgen!/Tag!/ Abend!/Nacht!	Bom dia! [bong 'dia]/Bom dia! [bong 'dia]/Boa tarde! ['boa 'tard]/Boa noite! ['boa 'noit]
Hallo!/Auf Wiedersehen!	Olá! [o'la]/Adeus! [a'dëusch]
Tschüss!	Cião! [tschau]
Ich heiße ...	Chamo-me ... ['schamu-me]
Wie heißen Sie?	Como se chama? ['komu se 'schama]
Wie heißt Du?	Como te chamas? ['komu te 'schamas]
Ich komme aus ...	Sou de ... [souh dö]

Falas português?

„Sprichst du Portugiesisch?" Dieser Sprachführer hilft Ihnen, die wichtigsten Wörter und Sätze auf Portugiesisch zu sagen

DATUMS- & ZEITANGABEN

Montag/Dienstag	segunda-feira [ße'gunda 'fäira]/terça-feira ['terßa 'fäira]
Mittwoch/Donnerstag	quarta-feira ['kwarta 'fäira]/quinta-feira ['kinta 'fäira]
Freitag/Samstag	sexta-feira ['ßeschta 'fäira]/sábado ['ßabadu]
Sonntag	domingo [du'mingu]
Werktag/Feiertag	dia útil [dia 'util]/feriado [feri'adu]
heute/morgen/gestern	hoje ['osche]/amanhã [amman'ja]/ontem ['ontäim]
Stunde/Minute	hora ['ora]/minuto [mi'nutu]
Tag/Nacht/Woche	dia [dia]/noite [noit]/semana [ße'mana]
Monat/Jahr	mês [mehsch]/ano ['anu]
Wie viel Uhr ist es?	Que horas são? [keh 'orasch ßau]
Es ist drei Uhr.	São três horas. [ßau tres 'orasch]
Es ist halb vier.	São três e meia. [ßau tres ih 'mäija]
Viertel vor vier/Viertel nach vier	Um quarto para as quatro [ung 'kwartu 'para asch 'kuatru]/quatro e um quarto ['kuatru ih ung 'kwartu]

UNTERWEGS

offen/geschlossen	aberto [a'bärtu]/fechado [fe'schadu]
Eingang/Einfahrt	entrada [en'trada]/entrada [en'trada]
Ausgang/Ausfahrt	saída [ßa'ida]/saída [ßa'ida]
Abfahrt/Abflug/Ankunft	partida [par'tida]/partida [par'tida]/chegada [sche'gada]
Toiletten/Damen/Herren	sanitários [ßanni'tariusch]/senhoras [ßen'jorasch]/ senhores [ßen'joresch]
(kein) Trinkwasser	água (não) potável ['agua (nau) po'tawel]
Wo ist ...?/Wo sind ...?	Onde é ...? ['onde eh]/Onde são ...? ['onde ßau]
links/rechts	à esquerda [ah isch'kerda]/à direita [ah di'räita]
geradeaus/zurück	em frente [äi 'frente]/para atrás ['parah'trasch]
nah/weit	perto ['pertu]/longe ['longschä]
Bus/Straßenbahn/Taxi	autocarro [auto'karru]/eléctrico [e'lletriku]/taxi ['taxi]
Haltestelle/Taxistand	paragem [pa'raschäi]/praça de taxis ['praßa de 'taxisch]
Parkplatz/Parkhaus	estacionamento [eschtassiona'mentu]/auto-silo ['auto 'ßilu]
Landkarte/Stadtplan	mapa ['mappa]/mapa da cidade ['mappa dah ßi'dad]
Bahnhof/Hafen/ Flughafen	estação ferroviária [eschta'ßau ferrovi'ahria]/porto ['portu]/aeroporto [aähro'portu]
Fahrplan/Fahrschein	horário [o'rahriju]/bilhete [bil'jet]
einfach/hin und zurück	só ida [ßoh 'ihda]/ida e volta ['ihda ih 'wollta]
Zug/Gleis	comboio [kom'boju]/linha ['linja]

Ich möchte ... mieten.	Gostaria de alugar ... [goschta'ria dö allu'gar]
ein Auto/ein Fahrrad/ ein Boot	um carro [ung 'karru]/uma bicicleta [uma bißi'kletta]/um barco [ung 'barku]
Tankstelle/Benzin/Diesel	bomba de gasolina ['bomba dö gaso'lina]/petróleo [pe'trohleo]/gasóleo [ga'sohleo]
Panne/Werkstatt	avaria [awa'riah]/garagem [ga'rahschäing]

ESSEN & TRINKEN

Die Speisekarte, bitte.	A ementa, se faz favor. [ah ih'menta, ß fasch fa'wor]
Flasche/Glas	garrafa [gar'raffa]/copo ['koppu]
Messer/Gabel/Löffel	faca ['faka]/garfo ['garfu]/colher [kul'jer]
Salz/Pfeffer/Zucker	sal [ßall]/pimenta [pi'menta]/açúcar [a'ßuhkar]
Essig/Öl	vinagre [wi'nahgre]/azeite [a'säite]
Milch/Sahne/Zitrone	leite ['läite]/natas ['nahtasch]/limão [li'mau]
mit/ohne Eis/Kohlensäure	com [kong]/sem [ßäing] gelo ['schelu]/gás [gasch]
Vegetarier(in)/Allergie	vegetariano/-a [weschetari'anu/-a]/alergia [aller'schia]
Ich möchte zahlen, bitte.	A conta, se faz favor. [ah 'konta, ß fasch fa'wor]

EINKAUFEN

Apotheke/Drogerie	farmácia [far'mahßia]/drogaria [droga'ria]
Bäckerei/Markt	padaria [pada'ria]/mercado [mer'kadu]
Einkaufszentrum	centro comercial ['ßsentru kommer'ßial]
100 Gramm/1 Kilo	cem gramas [ßäim 'grammasch]/um quilo [ung 'kilu]
teuer/billig/Preis	caro ['karu]/barato [ba'ratu]/preço ['preßu]
mehr/weniger	mais [maisch]/menos ['menusch]
aus biologischem Anbau	biológico [biu'loschiku]

ÜBERNACHTEN

Haben Sie noch ...?	Ainda tem ...? [a'inda täi]
ein Einzelzimmer	um quarto individual [ung 'kwartu individu'al]
ein Doppelzimmer	um quarto de casal [ung 'kwartu dö ka'sal]
Frühstück/Halbpension/ Vollpension	pequeno-almoço [pe'kehnu al'moßu]/meia pensão ['mäija pen'ßau]/pensão completa [pen'ßau kom'pleta]
Dusche/Bad	ducha [duscha]/banho ['banju]
Gepäck/Koffer/Tasche	bagagem [ba'gahschäi]/mala ['mala]/saco ['ßaku]

BANKEN & GELD

Bank/Geldautomat	banco ['banku]/multibanco ['multibanku]
bar/mit Kreditkarte	em dinheiro [äi din'jäiro]/com cartão de crédito [kong kar'tau dö 'krehditu]
Banknote/Münze/ Wechselgeld	nota ['notah]/moeda [mo'ehda]/troco ['troku]

GESUNDHEIT

Arzt/Zahnarzt/Kinderarzt	médico ['mehdiku]/dentista [den'tischta]/pediatra [pedi'atra]
Krankenhaus/Notfallpraxis	hospital [oschpi'tal]/urgências [ur'schenßiasch]
Fieber/Schmerzen	febre ['fehbre]/dores ['dohresch]
Durchfall/Übelkeit	diarreia [diar'räia]/enjoo [äi'schoh]
Sonnenbrand	queimadura [käimah'dura]
(Schmerz-)Tablette	comprimido (para as dores) [kompri'midu ('parah asch 'dohresch)]

TELEKOMMUNIKATION & MEDIEN

Briefmarke/Brief/ Postkarte	selo ['ßelu]/carta ['karta]/postal [posch'tal]
Ich brauche eine Telefonkarte fürs Festnetz.	Preciso dum cartão telefónico para a rede fixa. [pre'ßißu dung kar'tau tele'foniku 'pahra ah red 'fixa]
Ich suche eine Prepaidkarte für mein Handy.	Procuro um cartão SIM para o meu telemóvel. [pro'kuhru ung kar'tau ßim 'pahra uh mäu tele'mowel]
Wo finde ich einen Internetzugang?	Onde há acesso à internet? ['onde ah a'ßeßu ah 'internet]
wählen/Verbindung/ besetzt	marcar o número [mar'kar uh 'numero]/ligação [liga'ßau]/ocupado [oku'padu]
Computer/Batterie/Akku	computador [komputa'dor]/pilha ['pilja]/bateria [bate'ria]
E-Mail/At-Zeichen/WLAN	e mail ['ih mäil]/arroba [ar'rohba]/wireless ['weierless]

FREIZEIT, SPORT & STRAND

Strand	praia ['praja]
Sonnenschirm/Liegestuhl	guarda-sol [guarda 'ßol]/espreguiçadeira [eschpregißa'däira]
Ebbe/Flut/Strömung	maré baixa [ma'reh 'baischa]/maré alta [ma'reh alta]/corrente [kor'rente]

ZAHLEN

0	zero ['säru]	9	nove ['noww]
1	um, uma ['ung, 'uma]	10	dez ['däsch]
2	dois, duas ['doisch, 'duasch]	20	vinte ['wingt]
3	três [tresch]	21	vinte e um ['wingti 'ung]
4	quatro ['kuatru]	100	cem ['ßäi]
5	cinco ['ßinku]	200	duzentos [du'sentus]
6	seis ['ßäisch]	1000	mil [mil]
7	sete ['ßät]	1/2	um meio [ung 'mäju]
8	oito ['oitu]	1/4	um quarto [ung 'kwartu]

REISEATLAS

Verlauf der Erlebnistour „Perfekt im Überblick"
Verlauf der Erlebnistouren

Der Gesamtverlauf aller Touren ist auch in der herausnehmbaren Faltkarte eingetragen

Unterwegs in Brasilien

Die Seiteneinteilung für den Reiseatlas finden Sie auf dem hinteren Umschlag dieses Reiseführers

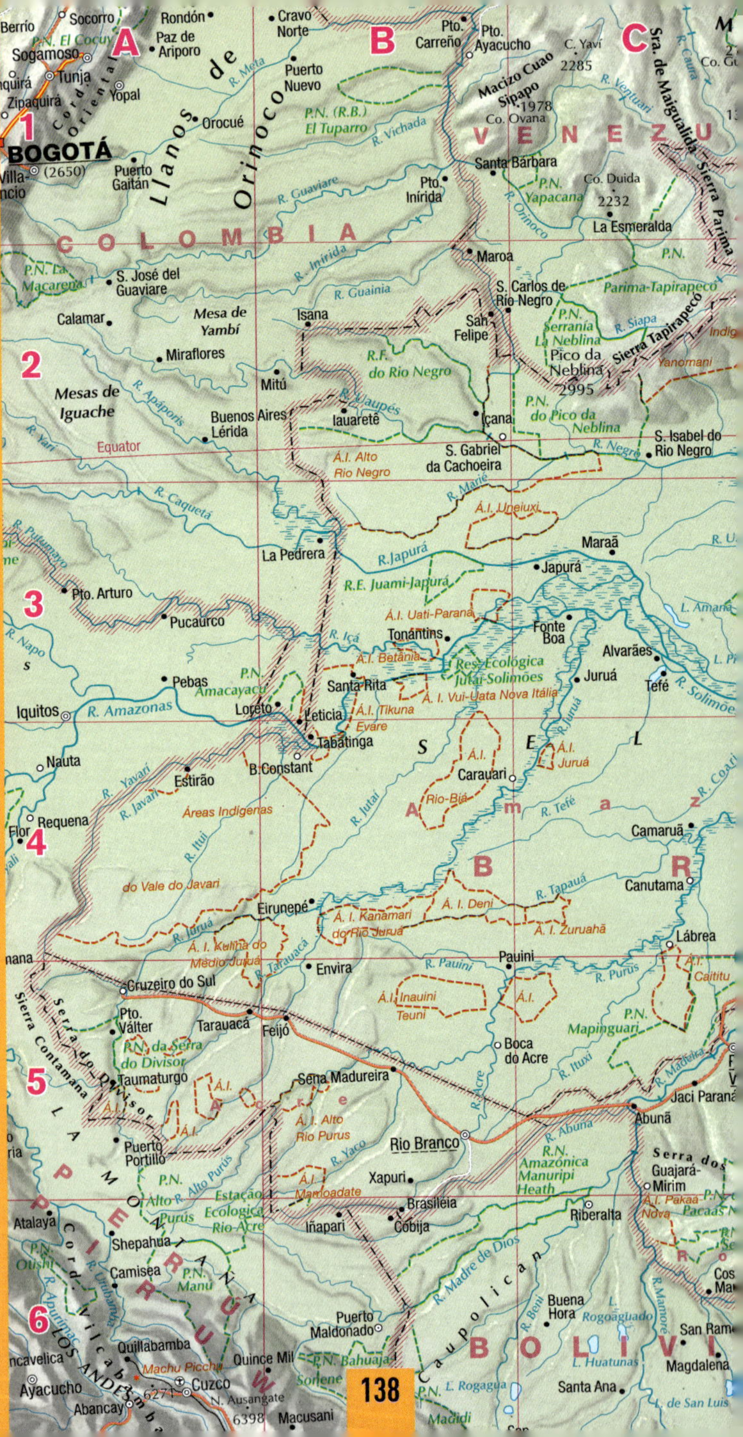

A
B
C
1
2
3
4
5
6
Socorro
Berrío
P.N. El Cocuy
Sogamoso
Tunja
Zipaquirá
BOGOTÁ
(2650)
Rondón
Paz de Ariporo
Yopal
Cord. Oriental
Cravo Norte
Puerto Nuevo
Orocué
Puerto Gaitán
Llanos de Orinoco
R. Meta
P.N. (R.B.) El Tuparro
R. Vichada
R. Guaviare
Pto. Carreño
Pto. Ayacucho
C. Yaví
2285
Macizo Cuao Sipapo
1978
Co. Ovana
Sra. de Maigualida
Sierra Parima
R. Ventuari
R. Caura
Co. Gu
V E N E Z U
Santa Bárbara
P.N. Yapacana
Co. Duida
2232
La Esmeralda
Pto. Inírida
R. Orinoco
C O L O M B I A
Maroa
P.N.
Parima-Tapirapecó
P.N. La Macarena
S. José del Guaviare
R. Inírida
R. Guainia
S. Carlos de Rio Negro
San Felipe
Calamar
Mesa de Yambí
Isana
P.N. Serranía La Neblina
R. Siapa
Sierra Tapirapecó
Pico da Neblina
2995
Yanomani
Indíg
Miraflores
Mitú
R.F. do Rio Negro
Mesas de Iguache
R. Apáporis
Buenos Aires
Lérida
R. Uaupés
Iauaretê
Içana
P.N. do Pico da Neblina
R. Yarí
Equator
S. Gabriel da Cachoeira
R. Negro
S. Isabel do Rio Negro
Á.I. Alto Rio Negro
R. Caquetá
R. Marié
Á.I. Uneiuxi
R. Putumayo
La Pedrera
R. Japurá
Maraã
R. U
R.E. Juami-Japurá
Japurá
Pto. Arturo
Á.I. Uati-Parana
L. Amanã
Pucaurco
R. Napo
R. Içá
Tonantins
Fonte Boa
Alvarães
Á.I. Betânia
Res. Ecológica Jutaí-Solimões
Juruá
Tefé
R. Solimõe
P.N. Amacayacu
Pebas
Santa Rita
Á. I. Vui-Uata Nova Itália
Iquitos
R. Amazonas
Loreto
Leticia
Á.I. Tikuna Evare
R. Juruá
Tabatinga
S
E
L
Á.I. Juruá
Nauta
B.Constant
Á.I.
Carauari
R. Yavarí
Estirão
R. Javari
Áreas Indígenas
R. Jutaí
Rio-Biá
A
m
R. Tefé
a
z
R. Coari
Requena
Flor
R. Ituí
Camaruã
B
R
do Vale do Javari
R. Tapauá
Canutama
Eirunepé
Á. I. Deni
Á. I. Kanamari do Rio Juruá
Á. I. Zuruahã
R. Juruá
Á. I. Kulina do Médio Juruá
Lábrea
R. Tarauacá
Envira
R. Pauini
Pauini
Á.I. Caititu
R. Purus
Cruzeiro do Sul
Á.I. Inauini Teuni
Á.I.
Pto. Válter
Tarauacá
Feijó
P.N. Mapinguari
Serra do Divisor
Sierra Contamana
P.N. da Serra do Divisor
Boca do Acre
R. Ituxi
R. Madeira
Taumaturgo
Sena Madureira
R. Acre
Jaci Paraná
A c r e
Á. I. Alto Rio Purus
Abunã
L A M O N T A Ñ A
R. Abunã
Puerto Portillo
R. Yaco
Rio Branco
Serra dos
R.N. Amazônica Manuripi Heath
Guajará-Mirim
P.N. Alto Purús
R. Alto Purús
Estação Ecológica Rio Acre
Á.I. Mamoadate
Xapuri
Á.I. Pakaa Nova
P.N. Pacaás
P E R U
Atalaya
Brasiléia
Iñapari
Cobija
Riberalta
Shepahua
Cord. Vilcabamba
P.N. Otishi
Camisea
P.N. Manú
R. Urubamba
R. Apurímac
R. Madre de Dios
C a u p o l i c a n
Buena Hora
Rogoaguado
R. Beni
R. Mamoré
Co
Ma
LOS ANDES
Puerto Maldonado
San Ram
Quillabamba
Quince Mil
P.N. Bahuaja Sonene
B O L I V I
L. Huatunas
Magdalena
ncavelica
Machu Picchu
Cuzco
6271
N. Ausangate
6398
Macusani
P.N. Madidi
L. Rogagua
Santa Ana
L. de San Luis
Ayacucho
Abancay

D
E
F
1
2
3
4
5
6
Bartica
Mackenzie
New Amsterdam
Kilometro 88 (San Isidro)
Camarata
Mt. Roraima 2810
Rockstone
Skeldon
Totness
Paramaribo
Nieuw Nickerie
Groningen
Nieuw Amsterdam
St.-Laurent-
Mahdia
Ituni
Apura
Zanderij
Mungo
Albina
Iracoubo
P.N. Canaima
Sta. Elena de Uairén
Á.I. Raposa Serra do Sol
Orinduik
Brokopondo
W.J. van Blommesteinmeer
St-Élie
Á.I. São Marcos
SURINAME
Centraal Suriname N.R.
Guyane Française
Normandia
Toekomstig- Stuwmeer
1026
Á.I. Aracá
Coeroeni
Maripasoula
Saül
Lethem
Boa Vista
Shea
Oranje Gebergte
GUAYANAS
P. amazonien de Guyane
R. Mucajaí
Karaudanawa
690
Caracaraí
Serra do Tumucumaque
Serra Acara ou Acari
Parque Indígena do Tumucumaque
Á.I. Waiãpi
P.N. Viruá
Uberlândia
P.N. Serra da Mocidade
Á.I. Paru del Este
R. Mapuera
R. Trombetas
R. Cuminá
Equator
Sa de Almeirim
Boiaçu
Á.I. Waimiri Atroari
Á.I. Nhamundá Mapuera
R.B. do R. Trombetas
S. Antônio da Abunari
Represa de Balbina
R. Jatapu
Moura
Oriximiná
Óbidos
Monte Alegre
Almeirim
P.N. do Jaú
Pres. Figueiredo
8
Urucará
Juruti
Alenquer
R. Amazonas
Novo Airão
R. Uatumã
Curuaí
Santarém
MANAUS
Itaquatiara
Parintins
Pacoval
Manacapuru
Boim
F.N. Aveiro
Anamã
Codajás
I. Tupinambarana
Maués
Á.I. Andirá-Marau
Aveiro
Beruri
Careiro
Nova Olinda do Norte
1
Itaituba
Á.I. Arara
Cachoeira Seca do Iriri
Á.I. Kararaô
R. Purus
Borba
Á.I. Coatá Laranjal
P.N. da Amazônia
R. Maués
R. Iriri
L. Jarí
Novo Aripuanã
R. Tapajós
Praia
Rio Madeira
P.N. do Jamanxim
P.N. da Serra do Pardo
Manicoré
Jacareacanga
Araras
Acará
R.F. Mundurucânia
Á.I. Mundurucu
Á.I. Baú
R. Curuá
R. Xingu
R. Jamanxim
P.N. do Rio Novo
Vila do Carmo
S. Antonio
Á.I. Tenharim/ Transamazônica
R. Aripuanã
R. Juruena
Área Indígena Mekragroti
R. Teles Pires
Serra do Cachimbo
P.N. Juruena
Cach. das Três Ilhas
R.B. do Jaru
Ariquemes
R. Roosevelt
641
Alta Floresta
Aripuanã
Á.I. Capoto
Á.I. Zoró
Á.I. Aripuanã
Serra do Norte
Peixoto de Azevedo
Á.I. Jarina
R. Arinos
Juara
Fontanillas
Itauba
S. José do Xingu
Pimenta Bueno
P.I. do Aripuanã
E. E. Iquê Juruena
Serra do Tombador
R. Machado
Sinop
Chapada dos Parecis
R. do Sangue
R. Verde
P.I. do Xingu
Sorriso
250 km
155.3 mi
Á.I. Nambikwara
R. Teles Pires
Vilhena
Utiariti
Á.I. Utiariti
Mato Grosso
R. Guaporé
Puerto Leitón
P.N. Noel Kempff Mercado
Á.I. Paresi
R. Juruena
Rio Conchas
Garapu
R. Culuene
142

A
B
C
1
2
3
4
5
6
1694
Iracoubo
Kourou
Montsinéry
Cayenne
St-Élie
Régina
C. Orange
Maroni
Guyane
Française
Maripasoula
St-Georges
Saül
P.N. do C. Orange
Á.I. Uaçá
Amazon Canyon
42
Oiapoque
P. amazonien de Guyane
Calçoene
690
P.N. Mts. do Tumucumaque
I. de Maracá
Amazon
Shelf
do Tumucumaque
Amapá
Cabo do Norte
R.B. do L. Piratuba
Á.I. Waiãpi
Serra do Navio
A m a p á
Estuário do
Rio Amazonas
Pta. de Santarém
Ferreira Gomes
R. Araguari
Á.I.
u del Este
Macapá
Santana
I. Caviana de Fora
Equator
C. Maguari
Baía de Marajó
Mazagão
Chaves
Soure
R. Paru
R. Jari
R. Maicuru
Monte Dourado
I. de Marajó
Soure
Curuçá
Salinópolis
Cabo Gurupi
Sa. de Almeirim
Anajás
Vigia
Bragança
Ponta de Pedras
Mosqueiro
I. de
Pta.
I. Grande de Gurupá
Capanema
Vizeu
Castanhal
Almeirim
Gurupá
Breves
BELÉM
Irituia
Turiaçu
Monte Alegre
Porto de Moz
Acará
Cururupu
R. Amazonas
Portel
Igarapé Mirim
SÃO
Alenquer
Res. Fl. de Caxiuanã
Cametá
Á.I. Alto Turiaçu
Pinheiro
Mocajuba
Santarém
Senador José Porfírio
Baião
Rosário
Pacoval
Altamira
R. Capim
R. Gurupi
Joana Peres
Itapecurumirim
Gurupizinho
Sa. do Tiracambu
R. Pindaré
F.N. Aveiro
Á.I. Arara
Tucuruí
Á.I. Amanayé
Bacabal
Á.I. Cachoeira Seca do Iriri
Á.I. Kararaô
Á.I. Koatinemo
Jacundá
Pedreiras
R. Iriri
Á.I. Trincheira Bacajá
Sa. do Gurupi
Açailândia
Á.I. Araribóia
Pres. Ba
Dutra
Á.I. Araweté Igarapé Ipixuna
Serra dos Carajás
Á.I. Parakanã
Itupiranga
R. Tocantins
Imperatriz
R. Grajaú
Barra do Co
Marabá
Araguatins
M a r a n
Grajaú
P.N. da Serra do Pardo
R. Xingu
Serra Pelada
Sta. Isabel do Araguaia
P.N. de Mirador
Á.I. Xikrin do Cateté
Vila Carajás
Estreito
São Félix do Xingu
Ourilândia
R. Curuá
Á.I. Baú
Xinguara
Araguaína
Loreto
Carolina
Balsas
S. Antonio
Área Indígena Kayapó
Redenção
Serra dos Gradaús
Conceição do Araguaia
Área Indígena Mekragroti
R. Tocantins
Á.I. Kraolândia
Sa. do Penitente
R. Parnaíba
Guaraí
Pedro Afonso
Alto Parnaíba
Chapada d. Mangabeiras
do Cachimbo
R. Iriri
641
Santana do Araguaia
Á.I. Xerente
Lizarda
Miracema do Tocantins
Gilbu
P.N. das
Á.I. Capoto
P.N. do Araguaia
Palmas
Peixoto de Azevedo
Á.I. Jarina
Santa Terezinha
T o c a n t i n s
Porto Nacional
R. do Sono
Formosa do Rio Preto
S. José do Xingu
Ilha do Bananal
Serra do Estrondo
Brejinho de Nazaré
R. Preto
Itauba
S. Félix do Araguaia
Dianópolis
Natividade
Gurupi
P.I. Araguaia
Sinop
Taguatinga
Barreiras
Serra Geral de Goiás
R. Steinen
P.I. do Xingu
Paranã
Serra do Roncador
Campos Belos
R. Grande
M a t o G r o s s o
S. Miguel
Serra Dourada
R. Corrente
Garapu
Á.I.
R. das Mortes
Porangatu
R. Paranã
R. Culuene
Bandeirantes
P.N. da Chapada dos Veadeiros
Rio Conchas
Posse
Planalto do
Mato Grosso
Á.I.
R. Araguaia
Goiás
Uruaçu
Niquelândia
Sítio da Abadia
P.N. Grande Sertão Vere
Paranatinga
142
Nova Xavantina
Aruanã
Barragem de Serra da Mesa
1678
Goianésia
Formosa

D
E
F
1
2
3
4
5
6
3158
4463
4224
Ceará Abyssal Plain
OCEANO
ATLÂNTICO
Equator
2359
13
P.N. dos Lençóis Maranhenses
I. Santana
Primeira Cruz
Barreirinhas
Urbano Santos
Parnaíba
Luzilândia
Jericoacoara
Acaraú
Camocim
Lagoinha
33
Itapipoca
Cumbuco
FORTALEZA
Sobral
Itapajé
Maracanaú
Pacajus
Atol das Rocas
5
Piripiri
União
Pedro II
Ipu
Canindé
Baturité
Aracati
Canoa Quebrada
Codó
Caxias
Campo Maior
TERESINA
Quixeramobim
Russas
Quixadá
Areia Branca
Macau
Pta. Coconho
Touros
C. de S. Roque
Genipabu
Natal
Alto Longa
Cratéus
Mossoró
S. Miguel do Tapuio
Senador Pompeu
Rio Grande do Norte
Caraúbas
Lajes
Tauá
Ceará
R. Jaguaribe
Patu
Pta. Negra
Praia de Pipa
Amarante
Valença do Piauí
Iguatu
Alexandria
Currais Novos
Nova Cruz
Canguaretama
Floriano
Cedro
Sousa
Parelhas
Juazeiro do Norte
Pombal
Patos
Borborema
Sta. Rita
JOÃO PESSOA
Picos
Fronteiras
Crato
Paraíba
Campina Grande
Cabo Branco
4
Canto do Buriti
Simplício Mendes
Chapada do Araripe
Planalto da Borborema
Carpina
Goiana
Caruaru
Olinda
Paulistana
Salgueiro
Sertânia
JABOATÃO
RECIFE
S. João do Piauí
P.N. Sa. da Capivara
Pernambuco
Palmares
Porto de Galinhas
S. Raimundo Nonato
Rajada
Curaçá
R. S. Francisco
Garanhuns
Barreiros
Casa Nova
Petrolina
União
Porto de Pedras
Remanso
Juazeiro
Paulo Afonso
Piranhas
Rio Largo
Alagoas
MACEIÓ
Uauá
Arapiraca
Repr. de Sobradinho
Jeremoabo
Propriá
Senhor do Bonfim
Euclides
Piaçabuçu
Xique-Xique
Barra
Irecê
Itapeipu
Tucano
R. Itapicuru
ARACAJU
Sergipe
Igarite
Santa Luz
Serrinha
Estância
Mundo Novo
Entre-Rios
Conde
3114
Chapada Diamantina
P.N. Chapada Diamantina
FEIRA DE SANTANA
Alagoinhas
Itaberaba
S. Amaro
Praia do Forte
Para-tinga
Lençóis
Muritiba
Camaçari
Dom Jesus da Lapa
7
Itaetê
S. Antônio d. J.
6
SALVADOR
Santa Inês
Valença
Morro de São Paulo
I. de Tinharé
I. de Boipeda
1850
Paramirim
Jequié
Velha Boipeba
250 km
155.3 mi
Caetité
Brumado
R. de Contas
Ipiaú
Barra Grande
1
Caculé
Vitória da Conquista
Itacaré
Urândi
143
Poções
Itabuna
P.N. Cavernas do Peruaçu
Itapetinga
R. B. de Una
R. São Francisco
Caatinga
Sertão
Piauí

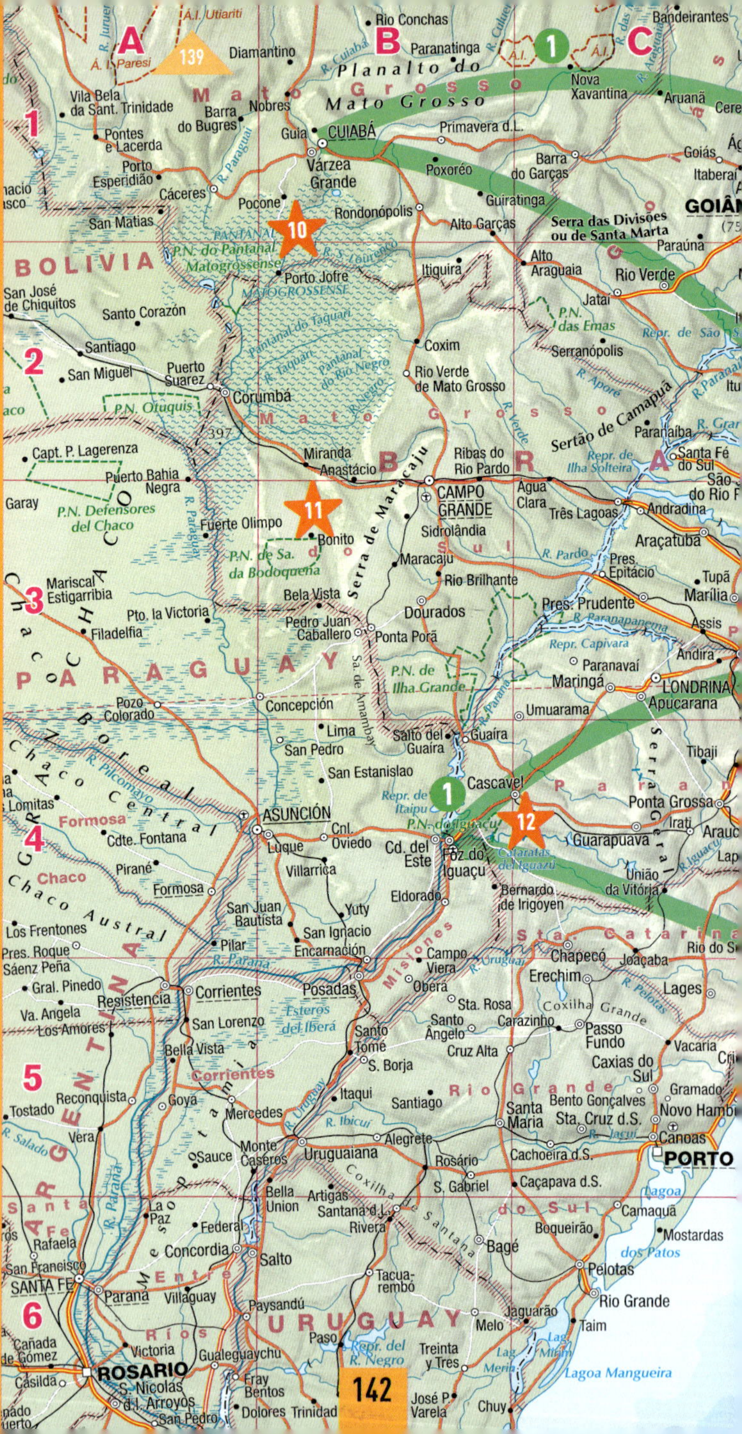

A
B
C
1
2
3
4
5
6
139
Á.I. Utiariti
Á.I. Paresi
Rio Conchas
Diamantino
Paranatinga
Bandeirantes
Planalto do Mato Grosso
Mato Grosso
Nova Xavantina
Aruanã
Vila Bela da Sant. Trinidade
Barra do Bugres
Nobres
Pontes e Lacerda
Guia
CUIABÁ
Primavera d.L.
Goiás
Porto Esperidião
Várzea Grande
Poxoréo
Barra do Garças
Itaberaí
Cáceres
Pocone
Guiratinga
GOIÂ
San Matias
Rondonópolis
Alto Garças
Serra das Divisões ou de Santa Marta
Paraúna
BOLIVIA
PANTANAL
P.N. do Pantanal Matogrossense
10
R. S. Lourenço
Alto Araguaia
Itiquira
Rio Verde
Porto Jofre
MATOGROSSENSE
Jataí
San José de Chiquitos
Santo Corazón
P.N. das Emas
Pantanal do Taquari
Santiago
Coxim
Repr. de São
Serranópolis
Pantanal do Rio Negro
Puerto Suarez
Rio Verde de Mato Grosso
San Miguel
Corumbá
P.N. Otuquis
R. Aporé
Sertão de Camapuã
Paranaíba
397
Capt. P. Lagerenza
Miranda
Ribas do Rio Pardo
Repr. de Ilha Solteira
Santa Fé do Sul
Puerto Bahia Negra
Anastácio
CAMPO GRANDE
Água Clara
Três Lagoas
Andradina
Garay
P.N. Defensores del Chaco
11
Serra de Maracaju
Sidrolândia
Araçatuba
Fuerte Olimpo
Bonito
P.N. de Sa. da Bodoquena
Maracaju
R. Pardo
Pres. Epitácio
Tupã
Mariscal Estigarribia
Rio Brilhante
Marília
Bela Vista
Pres. Prudente
Pto. la Victoria
Dourados
R. Paranapanema
Assis
Filadelfia
Pedro Juan Caballero
Ponta Porã
Repr. Capivara
PARAGUAY
Sa. de Amambay
P.N. de Ilha Grande
Paranavaí
Andirá
Maringá
LONDRINA
Pozo Colorado
Concepción
Umuarama
Apucarana
Chaco Boreal
Lima
Salto del Guaíra
Guaíra
San Pedro
Tibaji
Chaco Central
San Estanislao
Cascavel
Repr. de Itaipu
Lomitas
Formosa
ASUNCIÓN
P.N. do Iguaçu
12
Ponta Grossa
Irati
Cdte. Fontana
Cnl. Oviedo
Cd. del Este
Foz do Iguaçu
Guarapuava
Luque
Cataratas del Iguazú
Chaco
Villarrica
União da Vitória
Pirané
Formosa
Eldorado
Bernardo de Irigoyen
Chaco Austral
Yuty
San Juan Bautista
San Ignacio
Los Frentones
Pilar
Encarnación
Sta. Catarina
Chapecó
Joaçaba
Rio do S
Pres. Roque Sáenz Peña
R. Paraná
Misiones
Campo Viera
R. Uruguai
Erechim
Gral. Pinedo
Corrientes
Posadas
Oberá
Lages
Resistencia
Sta. Rosa
Coxilha Grande
Va. Angela
Esteros del Iberá
Santo Ângelo
Carazinho
Passo Fundo
Los Amores
San Lorenzo
Vacaria
Santo Tomé
Cruz Alta
Caxias do Sul
Bella Vista
S. Borja
Corrientes
Gramado
Reconquista
Itaqui
Rio Grande
Bento Gonçalves
Novo Hamb
Goya
Santiago
Tostado
Mercedes
R. Ibicuí
Santa Maria
Sta. Cruz d.S.
Vera
Canoas
R. Salado
Alegrete
Monte Caseros
Cachoeira d.S.
PORTO
Sauce
Uruguaiana
Rosário
Bella Union
S. Gabriel
Caçapava d.S.
Artigas
Coxilha de Santana
Lagoa
La Paz
Santana d.L.
do Sul
Camaquã
Federal
Rivera
Boqueirão
Rafaela
Mostardas
Concordia
Salto
Bagé
dos Patos
San Francisco
Entre Ríos
Tacuarembó
Pelotas
SANTA FE
Paraná
Villaguay
Rio Grande
Paysandú
URUGUAY
Jaguarão
Melo
Taim
Cañada de Gómez
Victoria
Paso
Repr. del R. Negro
Treinta y Tres
Lag. Mirim
Gualeguaychu
Lagoa Mangueira
Casilda
ROSARIO
Fray Bentos
S. Nicolás d.l. Arroyos
José P. Varela
Chuy
San Pedro
Dolores
Trinidad
ARGENTINA

D
E
F
1
2
3
4
5
6
Bahia
141
PLANALTO
BRASILEIRO
Minas Gerais
Espírito Santo
Rio de Janeiro
BRASÍLIA
D. Federal
Planaltina
Formosa
Gama
Luziânia
Unaí
Goiânia
Anápolis
Ipameri
Goiandira
Niquelândia
Posse
Sítio da Abadia
P.N. da Chapada dos Veadeiros
Barragem Serra da Mesa
1678
P.N. Grande Sertão Veredas
Carinhanha
Manga
Januária
P.N. Cavernas do Peruaçu
Arinos
Janaúba
Montes Claros
Caetité
Brumado
Caculé
Urandi
Vitória da Conquista
Poções
Itabuna
Ilhéus
Jequié
Ipiaú
Boipeba
Velha
Barra Grande
Itacaré
R. de Contas
Itapetinga
Una
R. B. de Una
Canavieiras
Itapebi
Porto Seguro
Trancoso
P.N. do Monte Pascoal
Prado
Pta. da Baleia
Caravelas
Teixeira de Freitas
Nanuque
Teófilo Otoni
Araçuaí
Serra do Chifre
Serra do Espinhaço
R. Jequitinhonha
Almenara
Salinas
Rio Pardo
Geraldinho
R. Pardo
Paracatu
Caatinga
Pirapora
Bocaiúva
P.N. das Sempre-Vivas
Corinto
Araguari
Uberlândia
Patrocínio
Patos de Minas
Repr. Três Marias
Araxá
Ibiá
São Gotardo
Sete Lagoas
P.N. Serra do Cipó
Contagem
Belo Horizonte
João Monlevade
Ipatinga
Gov. Valadares
Mantena
São Mateus
Linhares
R. Doce
Colatina
Ptl. da Regência
Fundão
Vitória
Vila Velha
Pta. dos Castelhanos
Caratinga
Manhuaçu
Sa. do Caparaó
Uberaba
P.N. da Serra da Canastra
Luz
Divinópolis
Formiga
Franca
Barretos
Catanduva
Passos
Campo Belo
Repr. de Furnas
Cons. Lafaiete
Ouro Preto
Ubá
Muriaé
Cachoeiro de Itapemirim
Ribeirão Preto
Varginha
Lavras
S. João d.R.
Barbacena
Juiz de Fora
Campos
Cabo de São Tomé
Araraquara
São Carlos
Poços de Caldas
Pouso Alegre
Serra da Mantiqueira
Três Rios
Petrópolis
Macaé
Jaú
Rio Claro
Limeira
Piracicaba
Itajubá
2787
Nova Iguaçu
Duque de C.
C. dos Búzios
Cabo Frio
Niterói
Campinas
Jundiaí
Cruzeiro
Lorena
Guaratinguetá
Angra d. Reis
Parati
990
Taubaté
Guarulhos
Sorocaba
Osasco
S. José d. Campos
Sto. André
São Paulo
Santos
S. Vicente
I. de S. Sebastião = Ilha Bela
Rio de Janeiro
Tropic of Capricorn
2743
Registro
Peruíbe
Apiaí
Iguape
Curitiba
I. das Peças
Morretes
Ilha do Mel
Paranaguá
40
2401
S. Francisco do Sul
Joinville
Blumenau
Itajaí
Brusque
I. de Sta. Catarina
Florianópolis
Laguna
C. de Santa Marta
Tubarão
55
OCEANO
ATLÂNTICO
2395
4811
3776
4208
250 km
155.3 mi

A
B
C
1
2
3
4
5
6
141
Veloso
R. Sambito
Pimenteiras
Valença do Piauí
308
R. S. Vicente
Inhuma
D. Expedito Lopes
Francisco Santos
Sto. Ant. de Lisboa
Oeiras
Picos
Mons. Hipolito
Sto. Inácio do Piauí
Jaicós
Itainópolis
BR 020
298
BR 407
Simões
Conceição do Canindé
R. Itaim
R. Itainzinho
Simplício Mendes
Paulistana
R. Canindé
319
Campo Alegre
S. João do Piauí
Rch. Gameteira
Afrânio
Parambu
R. Jucá
Arneiroz
Cococi
Jaguaribe
Rch. Conceição
Pio IX
Campos Sales
Potengi
CE 090
Araripe
Serrolândia
Araripina
Chapada do Araripe
R. dos Pedro
195
Trindade
Ouricuri
Bodocó
BR 316
Exu
109
BR 122
Santa Cruz
Dormentes
199
Urimará
Rch. ou Brígida
Parnamirim
111
Granito
Trucu
Jucás
Acopiara
Iguatu
Orós
Icó
Cárius
Antonina
Várzea Alegre
Cedro
Assaré
247
Farias Brito
BR 230
Santa Fé
Brejo Grande
Crato
Aurora
Felizardo
Ipaumirim
Antenor Navarro
Cajazeir
JUAZEIRO DO NORTE
66
Milagres
82
CE 090
Barbalha
95
Jardim
Rch. dos Porcos
Jati
Conceição
Ibia
São José do Belmonte
232
BR 232
Luan
Terra Nova
Salgueiro
Mirandiba
BR 116
64
Cabrobó
Ibó
Tupa
Floresta
R. Pajeú
Orocó
205
BR 428
Belém de São Francisco
Abaré
Rodelas
Riacho Seco
Curaçá
Taboleiro
648
Macururé
167
Paulo Afon
Várzea da Ema
Raso da Catarina
Ceará
Piauí
Pernambuco
Caatinga
Sertão
Bahia
Nacional da Capivara
Luís Viana
Rajada
Lagoa Grande
R. do Pontal
BR 428
Casa Nova
Curral Novo
146
PETROLINA
JUAZEIRO
R. São Francisco
R. Curaçá
Patamuté
R. Macururé
Poço de Fora
Remanso
Represa de Sobradinho
Sento Sé
200
Juremal
168
Uauá
Canudos
R. Vaza Barris
R. Vaza Barris
BR 407
R. Salitre
Abreus
1229
Minas do Mimoso
1285
Delfino
Brejão da Caatinga
R. Salitre
Amaniú
R. Jacaré
BR 116
106
Jeremo
Jaguarari
237
Senhor do Bonfim
Andorinha
Monte Santo
Maçacara
Antônio Gonçalves
Euclides da Cunha
Mirandela
Sa. da Canastra
R. Jacurici
Aç. Jacurici
Casançao
Itiúba
Quijingue
R. Vermelho
Umburanas
Vda. Tabuaou
Filadélfia
Nuguaçu
Saúde
R. Itapicuru-Açu
Queimadas
Tucano
Nova Soure
284
Ouro Branco
Juçara
Gruta
Itapeipu
R. Itapicuru-Mirim
Santa Luz
Araci
Teofilândia
Central
Irecê
América Dourada
R. Jacaré
Chapada
Miguel Calmon
Itaitu
Serrolândia
Capim Grosso
Gavião
Conc. do Coité
R. Jacuípe
Iguitu
Ibipeba
Canarana
1275
Morro do Chapéu
Várzea do Poço
Mairi
Pintadas
164
BR 234
Serrinha
Biritinga
R. Inhambupe
Barra do Mendes
Cafarnaum
da Diamantina
Piritiba
Mundo Novo
151
Largo
Pé de Serra
Riachão do Jacuípe
Água Fria
Irará
Tanquinho
Bonito
1103
Duas Barras do Morro
Baixa Grande
BR 407
Serra Preta
FEIRA DE SANTANA
Tiquaruçu
76
Saudavel
Souto Soares
Utinga
Macajuba
Iraquara
Wagner
Tapiraípe
Rui Barbosa
Ipirá
Seabra
412
BR 242
Itaberaba
200
São Estêvão
BR 116
S. Amaro
Juazeiro
1098
Lençóis
R. Utinga
Ibiquera
R. Tupim
R. Paraguaçu
Argoim
Cachoeira
117
P. N. Chapada
Diamantina
Ibitiara
Boninal
Guine
R. S. Antônio
Boa Vista do Tupim
Iaçu
Castro Alves
Muritiba
Candei
Sapeaçu
Marag
Ibipitanga
Andaraí
1161
Milagres
Itaparica
7
Mucujê
Itaetê
Marcionílio Souza
1
Tartaruga
S. Ant. de Jesus
Nazaré
R. de Caixa
Inúbia
Sa. do Sincorá
924
Nova Itaipe
Laje
I. Itapar
Rio do Pires
Iramaia
Irajuba
Jequiriçá
R. Jiquiriçá
Paramirim
Santa Inês
Valença
I. de Tinh
Tanque
Juciape
Novo Acre
Jaguaquara
Cairu
141

D
E
F
1
2
3
4
5
6
Rio Grande do Norte
Paraíba
Pernambuco
Alagoas
Sergipe
Planalto da Borborema
OCEANO
ATLÂNTICO
141
Tibaú do Sul
Goianinha
Praia da Pipa
Baía Formosa
Santa Cruz
Tangará
Passagem
Passa e Fica
Sto. Antônio
Currais Novos
Caicó
Jardim do Seridó
Catolé do Rocha
Brejo do Cruz
Bom Sucesso
S. João do Sabugi
Picuí
Jaçanã
Pedra Lavrada
Cacimba de Dentro
Barra de Sta. Rosa
Tacima
Nova Cruz
Belém
Jacaraú
Mataraca
A. I. Potiguara
R. Tinto
Barra de Mamanguape
Mamanguape
Pta. de Sto. Antônio
Pombal
Malta
Coremas
Sta. Luzia
Patos
Pilões
Remígio
Esperança
Guarabira
Mari
Cabedelo
JOÃO PESSOA
Cabo Branco
Bayeux
STA. RITA
Sapé
Alagoa Grande
Soledade
Pocinhos
Teixeira
Taperoá
CAMPINA GRANDE
Itabaiana
Itaporanga
Piancó
Água Branca
S. José do Egito
Serra Branca
Cabaceiras
Aroeiras
Timbaúba
Alhandra
Pitimbu
Princesa Isabel
Afogados da Ingazeira
Sumé
Umbuzeiro
Macaparana
Goiana
Nazaré da Mata
Pontas de Pedras
Pta. dos Coqueiros
I. de Itamaracá
Igarassu
Jabitacá
Congo
Monteiro
Surubim
Vertentes
Carpina
Limoeiro
PAULISTA
OLINDA
CAMARAGIBE
RECIFE
Carnaíba
Flores
Custódia
Sta. Cruz do Capibaribe
Passira
Toritama
S. João do Tigre
VITÓRIA DE STA. ANTÃO
Moreno
JABOATÃO
D. GUARARAPES
Sertânia
Betânia
Cruzeiro do Nordeste
Belo Jardim
CARUARU
Gravatá
Escada
CABO DE SANTO AGOSTINHO
Cabo de São Agostinho
Pesqueira
Camocim d.S.F.
Agrestina
Amaraji
Ribeirão
Porto de Galinhas
Ibimirim
Arcoverde
P.N. do Catimbau
Guanumbi
Alagoinha
S. Bento do Una
Bonito
Sirinhaém
Tupanatinga
Tará
Lajedo
Panelas
Palmares
Catende
Barreiros
GARANHUNS
Caetas
Quipapá
Inajá
Angelim
Canhotinho
Colônia Leopoldina
Maragogi
Japaratinga
Porto de Pedras
São Miguel dos Milagres
São Luís do Quitunde
Águas Belas
Bom Conselho
Correntes
Joaquim Gomes
Carié
Santana d. Ipanema
Igapó
Chã Preta
União dos Palmares
Murici
Olho d'Água do Casado
Major Isidoro
Viçosa
Atalaia
Rio Largo
Canindé de São Francisco
Piranhas
Pão de Açúcar
Palmeira dos Índios
Marimbondo
MACEIÓ
Belo Monte
Batalha
ARAPIRACA
Marechal Deodoro
Poço Redondo
Lagoa do Capim
Lagoa de Canoa
Campo Alegre
São Miguel dos Campos
Barra de São Miguel
Pedro Alexandre
Mte. Alegre de Sergipe
Canhoba
Traipu
Camaçari
Coruripe
Gracho Cardoso
Propriá
Penedo
Neópolis
Piaçabuçu
Nossa S. das Dores
Siriri
Brejo Grande
Japaratuba
Paripiranga
Simão Dias
Itabaiana
Rosário do Catete
R.B. de Santa Isabel
Pirambu
Lagarto
P.N. Serra de Itabaiana
NOSSA SENHORA DO SOCORRO
ARACAJU
Riachão d. Dantas
São Cristóvão
Pedrinhas
Mosqueiro
Estância
Itabaianinha
Mangue Seco
Indiaroba
Aporá
Jandaíra
Conde
Esplanada
AGOINHAS
Palame
Itanagra
Imbassaí
Açu da Torre
Praia do Forte
CAMAÇARI
LAURO DE FREITAS
100 km
62.1 mi

A
B
C
1
2
3
4
5
6
142
Cardoso
Palestina
Votuporanga
Tanabi
Nova Granada
BARRETOS
Olímpia
Guaira
Ituverava
Pedregulho
Delfinópolis
Vargem Bonita
S. J. Batista do Glória
FRANCA
Cássia
PASSOS
S. Joaquim da Barra
Orlândia
Morro Agudo
Nuporanga
Colina
Itirapuão
Mte. Aprazível
Mirassol
SÃO JOSÉ DO RIO PRETO
Viradouro
Batatais
Alpinópolis
S.Sebastião do Paraiso
Bebedouro
CATANDUVA
Pontal
RIBEIRÃO PRETO
Nova Aliança
SERTÃOZINHO
Fernando Prestes
Jaboticabal
Serrana
Cajuru
Mte.Santo de Minas
Nova Resende
Guaxupé
Alterosa
Adolfo
Urupês
Novo Horizonte
Sales
Sabino
Penápolis
Promissão
Pradópolis
Guariba
Taquaritinga
Rincão
Mococa
Muzambinho
Sta.Rosa de Viterbo
Sta. Cruz
Tapiratiba
S.Seb. da Gama
Machado
Lins
Itápolis
Matão
ARARAQUARA
Casa Branca
POÇOS DE CALDAS
Pongaí
Ibitinga
Pto. Ferreira
Terma do Quilombo
Repr. Ibitinga
Boa Esperança do Sul
S.CARLOS
Pirassununga
Aguaí
Esp.Sto.do Pinhal
POUSO ALEGRE
Pirajuí
Sra. dos Agudos
Bariri
MARÍLIA
Galia
BAURU
JAÚ
Brotas
Dois Corregos
R.CLARO
Conchal
MOGI GUAÇU
Ouro Fino
Itapira
Bueno Brandão
Munhoz
Ubirajara
Pederneiras
Barra Bonita
Repr.de Barra Bonita
S.Pedro
ARARAS
LIMEIRA
Cosmópolis
Socorro
Espírito Santo do Turvo
Lençóis Paulista
S.Manuel
AMERICANA
Amparo
CAMPINAS
Extrema
BOTUCATU
PIRACICABA
SUMARÉ
Itatiba
BRAGANÇA PAULISTA
Conchas
ATIBAIA
OURINHOS
Avaré
Bofete
Capivari
Vinhedo
Cerqueira César
Itatinga
IDAIATUBA
JUNDIAÍ
S.JOSÉ D.CAMPOS
Ipauçu
Piraju
Repr.de Jurumirim
Tietê
ITU
Arujá
S.Ant. da Platina
Repr. de Xavantes
TATUÍ
Boituva
GUARULHOS
ITAQUA
OSASCO
Angatuba
SOROCABA
Carlópolis
Taquarituba
ITAPETININGA
COTIA
STO.ANDRÉ
MAUÁ
Piedade
Santana do Itararé
Itaporanga
ITAPECERICA D.S.
DIADEMA
SÃO
SANTOS
Itaberá
Buri
Ibaiti
Venceslau Brás
Itapeva
Capão Bonito
S.Miguel Arcanjo
S. VICENTE
Mongaguá
GUARUJÁ
Pta. Mondubi
PRAIA GRANDE
Guapiara
Parque est. Intervales
Sra. Agudos Grandes
Itararé
Jaguariaíva
Juquiá
ITANHAÉM
Peruíbe
Pta. do Arpoador
Pedro Barros
Ventania
Serra Paranapiacaba
P.Itapirapuã
Caverna de Santana
Eldorado
Registro
Apiaí
Piraí do Sul
Varzeão
Iporanga
Caverna do Diabo
Iguape
Pto.da Barra
Cerro Azul
Adrianópolis
Jacupiranga
Socavão
Castro
R.N. Salto Morato
I. Comprida
Paraná
PONTA GROSSA
P.N. dos Campos Gerais
R.Branco do Sul
Bocaiúva do Sul
Cananéia
Pta.Camboriú
P.Guaricana
I. do Cardoso
Ararapira
CURITIBA
Guaraqueçaba
Bateias
S.Luis do Puruna
CAMPO LARGO
Piraquara
Antonina
I.das Peças
P.N. do Superagüi
Pta. Inácio Dias
Palmeira
Morretes
I. do Mel
ARAUCÁRIA
S.JOSÉ DOS PINHAIS
Trem da Serra do Mar
PARANAGUÁ
I. dos Currais
P.N. Ilha dos Currais
Lapa
Mandirituba
Matinha
P.N. Saint-Hilaire/Lange
B.de Guaratuba
Guaratuba
Quitandinha
Agudos do Sul
Pirabeiraba
Garuva
Pta. José Diaz
S.Francisco do Sul
I.de S.Francisco
R.Negro
Mafra
Rio Negrinho
S.Bento do Sul
JOINVILLE
Itaiópolis
Corupá
Monte Castelo
S.Gabriel
JARAGUÁ DO SUL
Massaranduba
Pta. Cantagalo
Serra do Espigão
Serra Geral
Serra do Mar
Timbó
BLUMENAU
ITAJAÍ
Indaial
BALNEÁRIO CAMBORIÚ
Ibirama
P.N. da Serra do Itajaí
BRUSQUE
Ba. de Porto Belo
Pta. do Porto Belo
Taió
Santa Catarina
Tijucas
Rio do Sul
Major Gercino
Biguaçu
Costa
Ituporanga
FLORIANÓPOLIS

D
E
F
1
2
3
4
5
6
143
Arcos
Itapecerica
Carmo de Mata
Oliveira
Campo Belo
S.Ant. do Amparo
Bom Sucesso
Perdões
Lavras
Santana da Vargem
Itutinga
Itaguara
Congonhas
Ouro Preto
Itabirito
Mariana
Barra Longa
CONSELHEIRO LAFAIETE
Piranga
Lagoa Dourada
Carandaí
Dores do Turvo
Tiradentes
S.João del Rei
BARBACENA
UBÁ
Viçosa
Coimbra
Rio Casca
Ponte Nova
Realeza
Manhuaçu
Manhumirim
P.da Bandeira
P.N. de Caparaó
Carangola
Dores do Rio Preto
Serra do Caparaó
Miradouro
Rosal
Porciúncula
Bom Jesus do Itabapoana
MURIAÉ
Itaperuna
Cataguases
Miracema
S.Antônio de Pádua
Recreio
Leopoldina
São Fidélis
Rio Pomba
Santos Dumont
Bias Fortes
Nepomuceno
Bicas
Madre de Deus de Minas
Luminárias
Minduri
VARGINHA
Três Corações
Santana do Garambeu
Andrelândia
Bom Jardim de Minas
JUIZ DE FORA
Simão Pereira
Sapucaia
Além Paraíba
Itaocara
Jaguarembé
P.S. Mateus
Lambari
Caxambu
Aiuruoca
Bocaina de Minas
Carmo de Minas
S.Seb.do R.Verde
P.N. do Itatiaia
Rio Preto
Três Rios
Sta.Isabel do Preto
Valença
NOVA FRIBURGO
Cordeiro
Conceição de Macabu
P.N. da Restinga de Jurubatiba
Carapebus
Bom Jardim
Maria da Fé
Itajubá
Cruzeiro
VOLTA REDONDA
Barra d.Piraí
Vassouras
P.N. d. Serra d. Órgãos
P.N. de Tinguá
TERESÓPOLIS
Casimiro de Abreu
MACAÉ
RESENDE
BARRA MANSA
JAPERI
BELFORD ROXO
PETRÓPOLIS
Cachoeiras de Macacu
Piquete
Lorena
S.José do Barreiro
N.IGUAÇU
DUQUE D.C.
MAGÉ
R.Bonito
Armação dos Búzios
C. dos Búzios
GUARATINGUETÁ
Angra dos Reis
S.JOÃO D.M.
ITABORAÍ
S.Pedro da Aldeia
ITAGUAÍ
Carioca
ARARUAMA
CABO FRIO
TAUBATÉ
P.N. da Serra da Bocaina
B. da Ilha Grande
Rest.de Marambaia
NITERÓI
Maricá
C. Frio
I. do Cabo Frio
Cunha
S.Luis do Paraitinga
Paraty
I. Grande
Pta. dos Meros
Pta. da Juatinga
Pta. Grossa da Marambaia
Pta. dos Castelhanos
Marambaia Antigo
Pta. do Picão
P.N. de Tijuca
SÃO GONÇALO
RIO DE JANEIRO
Paraibuna
Ubatuba
CARAGUATATUBA
São Sebastião
I.de S.Sebastião
Pta. do Boi
I. do Alcatrazes
OCEANO
ATLÂNTICO
100 km
62.1 mi

KARTENLEGENDE

Autobahn, mehrspurige Straße - in Bau Highway, multilane divided road - under construction		Autoroute, route à plusieurs voies - en construction Autopista, carretera de más carriles - en construcción
Fernverkehrsstraße - in Bau Trunk road - under construction		Route à grande circulation - en construction Ruta de larga distancia - en construcción
Hauptstraße Principal highway		Route principale Carretera principal
Nebenstraße Secondary road		Route secondaire Carretera secundaria
Fahrweg, Piste Practicable road, track		Chemin carrossable, piste Camino vecinal, pista
Straßennummerierung Road numbering	13 BR 230 1	Numérotage des routes Numeración de carreteras
Entfernungen in km Distances in km	259 130 129	Distances en km Distancias en km
Höhe in Meter - Pass Height in meters - Pass	1365	Altitude en mètres - Col Altura en metros - Puerto de montaña
Eisenbahn Railway		Chemin-de-fer Ferrocarril
Autofähre - Schifffahrtslinie Car ferry - Shipping route		Bac autos - Ligne maritime Transportador de automóviles - Ferrocarriles
Wichtiger internationaler Flughafen - Flughafen Major international airport - Airport		Aéroport important international - Aéroport Aeropuerto importante internacional - Aeropuerto
Internationale Grenze - Bundesstaatengrenze International boundary - federal boundary		Frontière nationale - Frontière fédérale Frontera nacional - Frontera federal
Unbestimmte Grenze Undefined boundary		Frontière d'État non définie Frontera indeterminada
Zeitzonengrenze Time zone boundary	-4h Greenwich Time -3h Greenwich Time	Limite de fuseau horaire Límite del huso horario
Hauptstadt eines souveränen Staates National capital	BOGOTÁ	Capitale nationale Capital de un estado soberano
Hauptstadt eines Bundesstaates State capital	BOA VISTA	Capitale d'un état fédéral Capital de estado
Sperrgebiet Restricted area		Zone interdite Zona prohibida
Indianerreservat - Nationalpark Indian reservation - National park		Réserve d'indiens - Parc national Reserva de indios - Parque nacional
Sehenswertes Kulturdenkmal Interesting cultural monument	*Uxmal*	Monument culturel intéressant Monumento cultural de interés
Sehenswertes Naturdenkmal Interesting natural monument	*Agua Azul Cascades*	Monument naturel intéressant Monumento natural de interés
Brunnen, Salzsee Well, Salt lake		Puits, Lac salé Pozo, Lago salado
MARCO POLO Erlebnistour 1 MARCO POLO Discovery Tour 1		MARCO POLO Tour d'aventure 1 MARCO POLO Recorrido aventura 1
MARCO POLO Erlebnistouren MARCO POLO Discovery Tours		MARCO POLO Tours d'aventure MARCO POLO Recorridos de aventura
MARCO POLO Highlight	1	MARCO POLO Highlight

FÜR IHRE NÄCHSTE REISE ...

ALLE **MARCO POLO** REISEFÜHRER

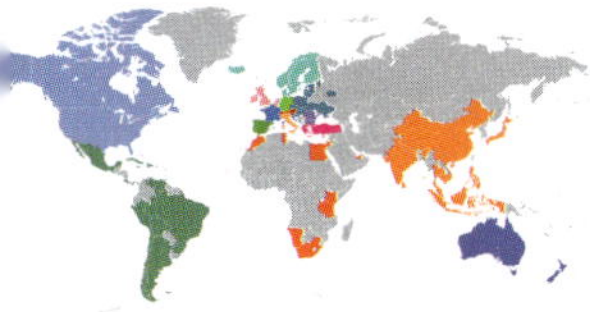

DEUTSCHLAND

Allgäu
Bayerischer Wald
Berlin
Bodensee
Chiemgau/Berchtesgadener Land
Dresden/Sächsische Schweiz
Düsseldorf
Eifel
Erzgebirge/Vogtland
Föhr & Amrum
Franken
Frankfurt
Hamburg
Harz
Heidelberg
Köln
Lausitz/Spreewald/Zittauer Gebirge
Leipzig
Lüneburger Heide/Wendland
Mecklenburgische Seenplatte
Mosel
München
Nordseeküste Schleswig-Holstein
Oberbayern
Ostfriesische Inseln
Ostfriesland/Nordseeküste Niedersachsen/Helgoland
Ostseeküste Mecklenburg-Vorpommern
Ostseeküste Schleswig-Holstein
Pfalz
Potsdam
Rheingau/Wiesbaden
Rügen/Hiddensee/Stralsund
Ruhrgebiet
Schwarzwald
Stuttgart
Sylt
Thüringen
Usedom
Weimar

ÖSTERREICH SCHWEIZ

Kärnten
Österreich
Salzburger Land
Schweiz
Steiermark
Tessin
Tirol
Wien
Zürich

FRANKREICH

Bretagne
Burgund
Côte d'Azur/Monaco
Elsass
Frankreich
Französische Atlantikküste
Korsika
Languedoc-Roussillon
Loire-Tal
Nizza/Antibes/Cannes/Monaco
Normandie
Paris
Provence

ITALIEN MALTA

Apulien
Dolomiten
Elba/Toskanischer Archipel
Emilia-Romagna
Florenz
Gardasee
Golf von Neapel
Ischia
Italien
Italienische Adria
Italien Nord
Italien Süd
Kalabrien
Ligurien/Cinque Terre
Mailand/Lombardei
Malta & Gozo
Oberital. Seen
Piemont/Turin
Rom
Sardinien
Sizilien/Liparische Inseln
Südtirol
Toskana
Venedig
Venetien & Friaul

SPANIEN PORTUGAL

Algarve
Andalusien
Barcelona
Baskenland/Bilbao
Costa Blanca
Costa Brava
Costa del Sol/Granada
Fuerteventura
Gran Canaria
Ibiza/Formentera
Jakobsweg Spanien
La Gomera/El Hierro
Lanzarote
La Palma
Lissabon
Madeira
Madrid
Mallorca
Menorca
Portugal
Spanien
Teneriffa

NORDEUROPA

Bornholm
Dänemark
Finnland
Island
Kopenhagen
Norwegen
Oslo
Schweden
Stockholm
Südschweden

WESTEUROPA BENELUX

Amsterdam
Brüssel
Dublin
Edinburgh
England
Flandern
Irland
Kanalinseln
London
Luxemburg
Niederlande
Niederländische Küste
Schottland
Südengland

OSTEUROPA

Baltikum
Budapest
Danzig
Krakau
Masurische Seen
Moskau
Plattensee
Polen
Polnische Ostseeküste/Danzig
Prag
Slowakei
St. Petersburg
Tallinn
Tschechien
Ungarn
Warschau

SÜDOSTEUROPA

Bulgarien
Bulgarische Schwarzmeerküste
Kroatische Küste Dalmatien
Kroatische Küste Istrien/Kvarner
Montenegro
Rumänien
Slowenien

GRIECHENLAND TÜRKEI ZYPERN

Athen
Chalkidiki/Thessaloniki
Griechenland Festland
Griechische Inseln/Ägäis
Istanbul
Korfu
Kos
Kreta
Peloponnes
Rhodos
Samos
Santorin
Türkei
Türkische Südküste
Türkische Westküste
Zákinthos/Itháki/Kefalloniá/Léfkas
Zypern

NORDAMERIKA

Chicago und die Großen Seen
Florida
Hawai'i
Kalifornien
Kanada
Kanada Ost
Kanada West
Las Vegas
Los Angeles
New York
San Francisco
USA
USA Ost
USA Südstaaten/New Orleans
USA Südwest
USA West
Washington D.C.

MITTEL- UND SÜDAMERIKA

Argentinien
Brasilien
Chile
Costa Rica
Dominikanische Republik
Jamaika
Karibik/Große Antillen
Karibik/Kleine Antillen
Kuba
Mexiko
Peru & Bolivien
Yucatán

AFRIKA UND VORDERER ORIENT

Ägypten
Djerba/Südtunesien
Dubai
Israel
Jordanien
Kapstadt/Wine Lands/Garden Route
Kapverdische Inseln
Kenia
Marokko
Namibia
Rotes Meer & Sinai
Südafrika
Tansania/Sansibar
Tunesien
Vereinigte Arabische Emirate

ASIEN

Bali/Lombok/Gilis
Bangkok
China
Hongkong/Macau
Indien
Indien/Der Süden
Japan
Kambodscha
Ko Samui/Ko Phangan
Krabi/Ko Phi Phi/Ko Lanta
Malaysia
Nepal
Peking
Philippinen
Phuket
Shanghai
Singapur
Sri Lanka
Thailand
Tokio
Vietnam

INDISCHER OZEAN UND PAZIFIK

Australien
Malediven
Mauritius
Neuseeland
Seychellen

Viele MARCO POLO Reiseführer gibt es auch als eBook – und es kommen ständig neue dazu!
Checken Sie das aktuelle Angebot einfach auf: www.marcopolo.de/e-books

REGISTER

In diesem Register sind alle im Reiseführer erwähnten Orte und Ausflugsziele sowie einige wichtige Namen und Sachbegriffe aufgeführt. Gefettete Seitenzahlen verweisen auf den Haupteintrag.

SCHREIBEN SIE UNS!

Egal, was Ihnen Tolles im Urlaub begegnet oder Ihnen auf der Seele brennt, lassen Sie es uns wissen! Ob Lob, Kritik oder Ihr ganz persönlicher Tipp – die MARCO POLO Redaktion freut sich auf Ihre Infos.
Wir setzen alles dran, Ihnen möglichst aktuelle Informationen mit auf die Reise zu geben. Dennoch schleichen sich manchmal Fehler ein – trotz gründlicher Recherche unserer Autoren/innen. Sie haben sicherlich Verständnis, dass der Verlag dafür keine Haftung übernehmen kann.

MARCO POLO Redaktion
MAIRDUMONT
Postfach 31 51
73751 Ostfildern
info@marcopolo.de

IMPRESSUM
Titelbild: Rio de Janeiro, Copacabana (huber-images: A. Bartuccio)
Fotos: DuMont Bildarchiv: Piepenburg (4 o., 114/115, 123); R. M. Gill (28 r.); J. Holz (Klappe l., Klappe r., 5, 25, 29, 30, 80, 92, 121, 124 u., 136/137); huber-images: J. Banks (108), Bartuccio (122/123), A. Bartuccio (1 o., 2, 9, 12/13, 17, 20/21, 23, 32/33, 37, 40, 49, 52/53, 60, 66, 68, 96, 102/103), G. Cozzi (39, 91), Damm (94/95), Gräfenhain (11, 14), L. Linder (38); Laif: Contrasto (10, 50), Heeb (8, 86), Jonkmanns (30/31), Piepenburg (118/119), Tophoven (83); Laif/Arcaid: Seligmann (34); Laif/hemis.fr: B. Gardel (19 u.); LAIF/REA: M. Nascimento (18 o.); mauritius images/Alamy (4 u., 7, 28 l., 54, 74/75), A. Carlsson ACP (58), A. Fagundes (101), L. Francini (46), D. Gato (19 o.), B. Kadic (63), Kari (26/27), C. Magnon (99), P. McConville (18 u.), S. Patema (113), C. Pillitz (42), A. Seale (73), J. Sochor (65); mauritius images/Alamy/Lazyllama (18 Mitte); mauritius images/Alamy/Melba Photo Agency (44); mauritius images/Imagebroker: M. Runke (110); mauritius images/John Warburton-Lee: A. Robinson (78, 116/117); mauritius images/nature picture library: F. Banfi (6); mauritius images/roberharding: A. Robinson (57); mauritius images/Stockphoto (122); mauritius images/Westend61/Fotofeeling (89); C. Naundorf (82, 84/85); Boris Rostami-Rabel (1 u.); Vision 21 (31, 70, 76, 124 o., 125)

13. Auflage 2017
Komplett überarbeitet und neu gestaltet

Chefredaktionn: Marion Zorn
Autorin: Petra Schaeber; Redaktion: Jochen Schürmann; Verlagsredaktion: Stephan Dürr, Lucas Forst-Gill, Susanne Heimburger, Nikolai Michaelis, Martin Silbermann, Kristin Wittemann; Bildredaktion: Gabriele Forst
Im Trend: wunder media, München; Kartografie Reiseatlas: © MAIRDUMONT, Ostfildern; Kartografie Faltkarte: © MAIRDUMONT, Ostfildern
Gestaltung Cover, S. 1, S. 2/3, Faltkartencover: Karl Anders – Büro für Visual Stories, Hamburg; Gestaltung innen: milchhof:atelier, Berlin; Gestaltung Erlebnistouren: Susan Chaaban Dipl.-Des. (FH)
Sprachführer: in Zusammenarbeit mit Ernst Klett Sprachen GmbH, Stuttgart, Redaktion PONS Wörterbücher

Printed in China

FSC www.fsc.org
MIX
Paper from responsible sources
FSC® C011918

BLOSS NICHT

Ein paar Tipps, die Ihnen den Aufenthalt in Brasilien erleichtern

UNGEPFLEGT AN DIE ÖFFENTLICHKEIT GEHEN

Es wird Ihnen auffallen, dass die meisten Brasilianer, wenn sie auf die Straße gehen, wie aus dem Ei gepellt aussehen. Gammellook ist allenfalls in Rio oder São Paulo und nur mit der „richtigen" Markenkleidung angesagt, ansonsten machen sich die Brasilianer eher schick. Bevor man auf die Straße geht, wird geduscht und frische Kleidung angezogen, Haare gekämmt und Parfüm aufgesprüht – so machen es schon die Kleinsten auf dem Weg zum Kindergarten. Deshalb riecht es morgens im Gedränge eines Stadtbusses oder abends im Tanzschuppen nach Seife und Parfüm und nicht nach Schweiß. Letzteres würde unangenehm auffallen, ebenso wie schmuddelige Kleidung.

MIT TEUREM SCHMUCK UNTERWEGS SEIN

In kaum einem Land werden Ausländer so herzlich aufgenommen wie in Brasilien. Andererseits ist die Sicherheit eines der größten Probleme des Landes. Am besten haben Sie möglichst keine Wertsachen dabei, also keine teure Uhr, kein Schmuckstück, an dem das Herz hängt. Die Kamera muss nicht locker am Handgelenk baumeln. Etwas Bargeld in einer Innentasche und eine Kopie der wichtigen Dokumente reicht, um sich auf der Straße zu bewegen. Gelegenheit macht Diebe – auch in Brasilien. Sollten Sie tatsächlich überfallen werden, leisten Sie auf keinen Fall Gegenwehr, sondern bleiben Sie ganz ruhig und geben alles her! Und lassen Sie sich durch Ihr Gefühl leiten: Wenn die Gasse finster und menschenleer ist, lieber meiden, als es drauf ankommen zu lassen. Sollten Sie im Karneval oder bei anderen Festen in Menschenaufläufe geraten, freundlich lächeln. So kann man in Brasilien eine Beziehung zu den Mitmenschen herstellen – die meisten sind Ihnen wohlgesonnen.

NACKT AM STRAND LIEGEN

Auch wenn es auf den ersten Eindruck anders erscheint: In Brasilien gibt es ungeschriebene Regeln der Strandbekleidung. Knapp darf es sein, aber nicht ohne. Nudistenstrände sind eine Seltenheit, und oben ohne geht allenfalls am Posto 9 in Rio. Umziehen hinter vorgehaltenem Handtuch ist ebenso unüblich wie Stringtangas für Männer – das kann sogar zu Konflikten mit der Polizei führen. Und noch etwas: Mit Strümpfen in Sandalen erkennt Sie jeder als Tourist.

AUFREGEN

Bleiben Sie immer ruhig und freundlich, auch wenn es mal länger dauert, es laut wird oder irgendetwas schiefläuft. Auch wenn Sie vollkommen im Recht sind: Versuchen Sie, gemeinsam mit dem Gegenüber zu einer Lösung zu kommen. Brasilianer möchten ihr Gesicht wahren und weichen Konflikten lieber aus, als es drauf ankommen zu lassen. Dafür finden sie auch dann noch eine Lösung, wo es eigentlich keine gab. Ist das Problem beseitigt, freut man sich zusammen darüber.